CIVIL SERVICE INNOVATIONS : FROM THEORY TO PRACTICE

인사혁신론

: 이론과 실제

-실제편-

박성민 저

박영사

「인사혁신론: 이론과 실제」의 실제편은

인사혁신처에서 발주(2015.07.08~2015.10.07)하고

성균관대학교 박성민 교수 연구팀이 수행한

"공직의 경쟁력 수준 진단을 위한 정부 인사혁신 지수 개발"

연구 내용을 토대로 수정 및 보완하였다.

차 례

제 3 편 인사혁신의 중기 과제: 사람혁신

제 9 장 사람혁신의 토대적 차원

제10장 사람혁신의 발전적 차원

제 4 편 인사혁신의 장기 과제: 문화혁신

제11장 문화혁신의 토대적 차원

제12장 문화혁신의 발전적 차원

제 5 편 인사혁신의 미래

제13장 인사혁신의 성과

제14장 인사혁신의 발전방향

제 1 편

인사혁신의 출발

제1장

인사혁신의 기초

제1장 인사혁신의 기초

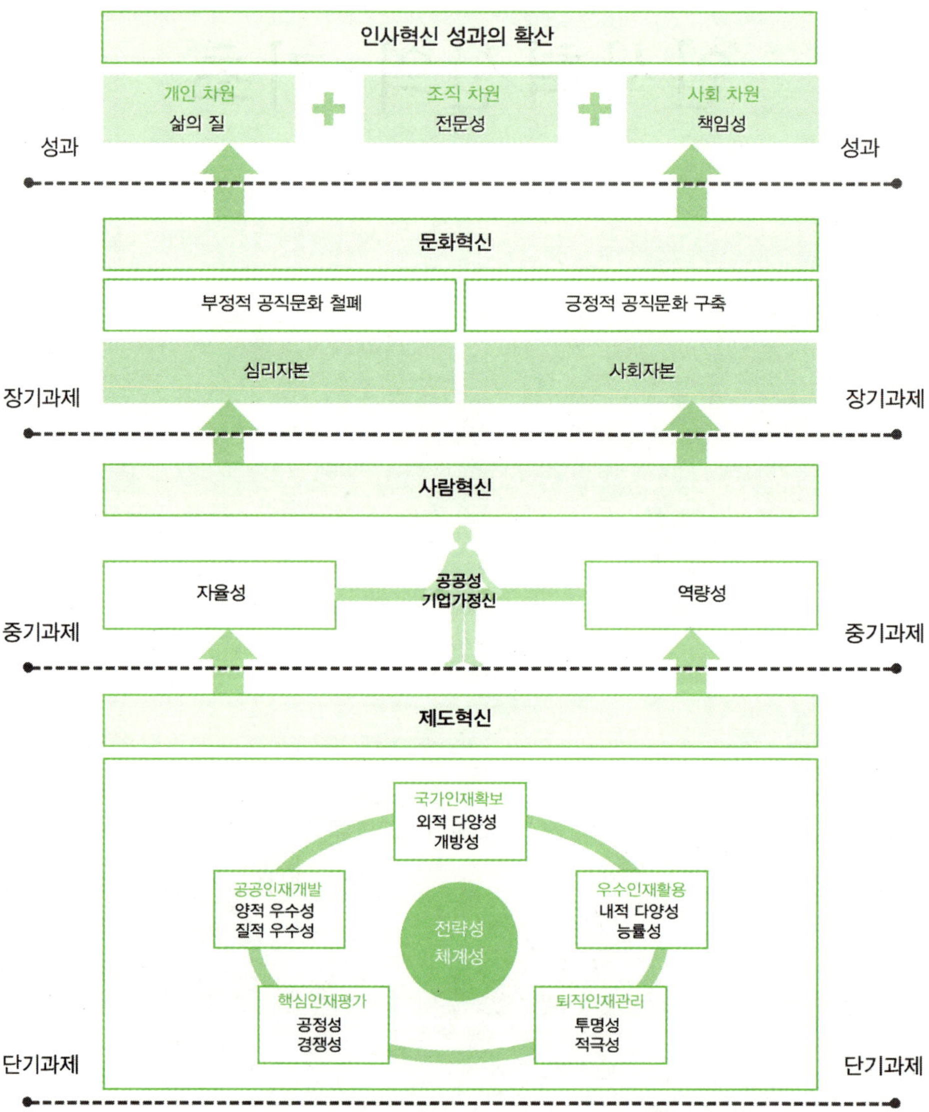

인사혁신 성과의 확산
개인 차원
삶의 질
조직 차원
전문성
사회 차원
책임성
성과
성과
문화혁신
부정적 공직문화 철폐
긍정적 공직문화 구축
심리자본
사회자본
장기과제
장기과제
사람혁신
자율성
공공성
기업가정신
역량성
중기과제
중기과제
제도혁신
국가인재확보
외적 다양성
개방성
공공인재개발
양적 우수성
질적 우수성
전략성
체계성
우수인재활용
내적 다양성
능률성
핵심인재평가
공정성
경쟁성
퇴직인재관리
투명성
적극성
단기과제
단기과제

사례로 보는 인사혁신

2016년 인사제도혁신

구분	Before	After	관련 근거(시행일)
비위공무원 일벌백계	• 강등 및 정직의 보수 불이익 : 보수의 2/3 감액	• 강등 및 정직의 보수 불이익 : 보수 전액 감액	국가공무원법 제80조 ('16.6.25)
	• 대통령훈령으로 비위자 의원 면직제한 후 비위확인	• 퇴직 희망시 징계사유를 확인하고, 중징계사유가 있는 경우 다른 사건에 우선하여 징계절차 진행하여 조속히 퇴직조치	국가공무원법 제78조의4 ('15.12.24)
	징계부가금 부과대상 확대		국가공무원법 ('15.11.19.이후 발생한 비위행위부터 적용)
	• 금품·향응 수수, 공금 횡령·유용	• 국가공무원법 제78조제1항 각호에 해당하는 경우 ※ 공무원의 직무수행 중 부정한 재산상의 이익추구는 종류를 불문	
	청렴의 의무 위반 징계기준 강화		공무원징계령 시행규칙 ('15.12.29.이후 발생한 비위행위부터 적용)
	• 금액별 징계기준이 없었음	• 직무와 관련하여 100만원 이상 금품·향응 등 재산상 이익을 제공 받은 경우에는 무조건 파면 또는 해임	
공무원 임용 결격사유 강화	《임용결격 및 퇴직사유》 • 금고 이상의 실형을 선고받고 그 집행이 종료되거나 집행을 받지 아니하기로 확정된 후 5년 • 금고 이상의 형을 선고받고 그 집행유예 기간이 끝난 후 2년 • 공무원으로 재직기간 중 직무와 관련하여 「형법」 제355조 및 제356조에 규정된 죄(횡령·배임)를 범한 자로서 300만원 이상의 벌금형 2년 • 파면처분 5년 • 해임처분 3년	《임용결격 및 퇴직사유 강화》 우월적 지위를 이용한 성폭력범죄의 경우 당연퇴직 및 임용결격 요건을 금고형에서 300만원 이상 벌금형으로 강화	국가공무원법 제33조 ('15.12.24)
인사기록카드 서식 개선	• 인사기록카드 서식에 학벌, 신체사항 등 직무와 무관한 항목 다수 포함	• 출신고교, 출신대학, 신체사항, 결혼여부 등 직무관련성이 낮은 편견 유발요소 삭제 ※ 출력물에서는 삭제하되, 시스	공무원 인사·성과기록 및 전자인사관리 규칙 서식1('16.3월)

		템 내에서는 정보 보유 • 성과기록 서식 내실화 ※ 근무실적과 직무수행능력(역량) 분리 작성 등	
인사조직직류 신설·선발	• 행정직렬 직류: 일반행정, 법무, 재경, 국제통상, 운수, 노동, 문화홍보, 교육행정, 회계	• 행정직렬 직류: 일반행정, 법무, 재경, 국제통상, 운수, 노동, 문화홍보, 교육행정, 회계, 인사조직직류(신설)	공무원 임용령 ('15.11.19)
	–	• 2016년도 최초로 공채 총 15명(5급 5명, 7급 10명) 선발	
시간선택제 채용요건 완화	《채용요건》 • 퇴직후 3년 이내	《채용요건 완화》 • 퇴직후 10년 이내로 완화	공무원 임용령 ('15.9월)
	《임용대기기간》 • 결원 발생시 임용	《임용대기기간 단축》 • 현원이 정원을 초과하는 경우에도 임용 가능	공무원 임용령 ('15.11월)
미래세대를 위한 공무원 연금개혁	• 공무원 기여율: 7%	• 9%(단계적 인상) *'16년 8%	공무원 연금법 ('16.1월)
	• 연금 지급률: 1.9% ※ 소득재분배 없음	• 1.7%(단계적 인하) *'16년 1.878% ※ 지급률 1%에 소득재분배 도입	
	• 고소득자 소득상한 기준: 全공무원 평균기준 소득월액 1.8배	• 全공무원 평균기준소득월액 1.6배(기준 강화)	
	• 연금 지급개시연령: '10년前 임용60세 / '10년後 임용65세	• 모두 65세(단계적 연장) – '22년 61세 → '33년 65세	
	• 유족연금: '10년前 임용70% / '10년後 임용60%	• 모두 60%(하향 조정)	
	• 연금액 인상: 매년 물가에 연동	• 5년간('16~'20년) 동결	
	–	• 분할연금, 비공무상 장해급여 도입(신설)	
	• 연금수급자 연금정지 – 전액정지 대상: 공무원으로 재임용시 – 일부정지 기준: 근로자 평균 임금월액(월 338만원, '15년 기준)	• 연금수급자 연금정지 확대 – 선거직 및 정부 전액 출자·출연기관 고액연봉 취업자(추가) – 공무원 평균연금월액(기준 강화)(월 224만원, '15년 기준)	
공무원 순직 관련 용어 정비	• 순직관련 용어 – 일반순직시: '공무상 사망' – 위험직무 순직시: '순직'	• 순직관련 용어 변경 – 일반순직시: '순직' – 위험직무 순직시: '위험직무 순직'	공무원 연금법 ('16.1월)
자기개발 휴직	• 신설	• 대상자: 일정기간* 재직한 자(* '16.6월 확정예정) • 휴직기간: 1년 이내 • 보수: 무보수	국가공무원법 제71조 ('16.6.25)

성과연봉제 적용대상 확대	• 4급 과장급 이상 공무원에 대해 성과연봉제 실시	《적용대상 확대》 • 4급 복수직 및 5급 과장급, 특정직 중 4급 상당(경찰서장 등) 공무원까지 확대 적용	공무원 보수 규정 ('16.1월)
공무원 성과 평가제도 개편	• 실국별 평가결과를 재배열하고 최종 순위에 따라 점수 차등 부여	《평가등급제 도입 등 평가절차 개선》 • 실국별 평가등급에 따라 등급별로 점수를 통일하여 부여 ※ 기존의 점수부여 방식에서 연공중심 요소 개선	공무원 성과 평가 등에 관한 규정 ('16.1월)
	• 승진후보자 명부 작성 시 경력평정 5~30% 반영	《경력평정 반영비율 축소》 • 경력평정 반영비율을 30%에서 20%로 축소(5~20%)	
의사상자 공무원 채용시험 가점 부여	• 신설	• 대상시험: 6급이하 일반직 공채시험 • 대상자: 의사자의 배우자·자녀, 의상자, 의상자의 배우자·자녀 • 가산점수: 만점의 5~3%	공무원임용 시험령 ('15.11.19)
5급 공채시험 영어·한국사 검정시험 유효기간 연장 등	• 유효기간: 영어·외국어 2년/한국사 3년 • 제출마감일: 원서접수마감일 ※ '16년 일정 기준 1월 15일	• 유효기간: 영어·외국어 3년/한국사 4년 ※ 각각 1년씩 연장 • 제출마감일: 제1차시험 시행 예정일 전날 ※ '16년 일정 기준 3월 4일 (1~2개월 연장)	공무원임용 시험령 ('15.11.7)
「국가공무원 인재개발원」 출범	《기관명》 • 중앙공무원교육원	《기관명 변경》 • 국가공무원인재개발원	공무원 인재 개발법 ('16.1월) / 공무원 인재 개발법 시행령 ('16.2월)
	《기능》 • 5급 이상 공무원에 대한 교육훈련 • 공통과목의 개발·보급 • 공공 및 민간 교육훈련기관과의 협력	《기능 확대》 • 시대변화에 맞는 국가공무원 인재상 정립 • 공무원 자기개발학습 기반 마련 • 국내외 인재개발 동향 연구·분석 • 공직가치·리더십 및 공무원 역량개발 관련 연구개발·보급 및 컨설팅 • 국내외 공공 및 민간교육훈련기관·연구기관과의 교류협력	
공무원 인재개발 네트워크 구축 (인재개발 3.0)	• 소속 부처 공무원 위주 교육 및 교육정보의 기관별 개별 활용 등 칸막이 일부 존재	• 중앙부처 교육훈련기관 간 네트워크를 지자체·헌법기관으로 확대 • 전 공무원 대상 교육과정 개방 및 강사, 시설의 공동 활용	
공직가치 교육 강화	• 직무능력 중심 교육	• 신임 공무원 기본교육시 공직가치 교육 확대(30% 이상)	

		• 공직가치 표준 교육교재 마련 및 전문강사 육성 • 공직가치 우수 프로그램 발굴 및 전파·확산	
합리적 징계시스템 구축	보통징계위원회 관할 조정		공무원 징계령 ('16.1.1.부터 적용)
	• 5급 이상 기관장	• 중앙행정기관의 장 ※ 중앙행정기관의 장이 필요하다고 인정하는 때에는 그 소속기관에도 설치 가능	
	6급 이하 공무원 등에 대한 중징계 요구사건 관할 조정		공무원 징계령 ('16.1.1.부터 적용)
	• 바로 위 상급기관에 설치된 보통징계위원회	• 중앙행정기관에 설치된 보통징계위원회로 변경 ※ 중앙징계위원회 관할 사건은 제외	
재산등록 금융 및 부동산 정보제공 확대	• 정기변동신고자에 한해 정보제공	• 수시신고(최초, 퇴직)자에게도 정보제공	공직자윤리법 ('16.6.30.부터 적용)
재산등록 수시신고자 등록기간 조정	• 등록기준일로부터 2개월	• 등록기준일로부터 2개월이 되는 달의 말일까지	〃
주식백지신탁 이해 충돌 방지방안 확대	• 주식의 매각 및 백지신탁	• 주식매각 백지신탁 외에 직위변경 도입(신설)	〃
주식백지신탁 이해 충돌 해소를 위한 직무회피 의무 도입	–	• 해당 주식과 관련한 직무 관여금지(신설)	〃
백지신탁 주식 처분 사실 공개	–	• 백지신탁한 주식의 처분 완료시 그 사실을 공개	〃

자료: 인사혁신(2016). Vol.2: 12~14.

연구로 보는 인사혁신

정부혁신에 있어 신공공관리(NPM)와 후기-신공공관리(Post-NPM) 패러다임의 공존: 미국 연방 정부 내에 존재하는 혁신 가치의 규명을 중심으로

학자들은 미국 연방정부의 혁신에 있어 행정과 행정 서비스의 합리적 요소와 규범적 요소가 공존하고 있음에 주목하고 있다. 본 연구는 Paul Light(1998)의 연구를 바탕으로 특정 기간에 미국 연방 정부 내에서 두 개의 핵심 혁신 패러다임인 신공공관리(NPM) 가치와 후기-신공공관리(Post-NPM) 가치의 영향과 변화에 대해 증명하였다. 신공공관리(NPM) 혁신 가치는 성과 및 결과 지향 가치(Performance and Resoult-oriented Reform Values), 시장 및 고객 지향 가치(Market and Customer-oriented Reform Values), 목표 및 전략 지향 가치(Goal and Strategy-oriented Reform Values) 등을 포함하며 후기-신공공관리(Post-NPM) 혁신 가치는 사회적 형평성 가치(Social Equity Reform Values), 인본주의 가치(Humanization Reform Values), 민주성 가치(Democratization Reform Values) 등을 포함한다.

구체적으로 본 연구는 실증분석을 통해 미국 연방정부 내에서 신공공관리 혁신 가치와 이것과는 대응관계에 있는 인본주의적 후기-신공공관리 혁신 가치가 어떻게 정착되어 가는가에 대해 규명하였다. 이를 위해 첫째, 미국 연방 조직 내에 존재하는 혁신 가치를 규명하고, 둘째, 서로 다른 혁신 가치의 확산에 대해 규명하였으며, 셋째, 혁신 가치의 분포에 있어 변화가 발견되고 있는지, 즉 새로운 혁신 가치가 과거의 혁신 가치를 대체하는 "구축 효과(Crowding-out Effect)"가 발생하고 있는지에 대해 검증하였다.

연구 결과, 미국 연방 정부의 혁신에 있어 신공공관리 패러다임과 후기-신공공관리 패러다임이 핵심적인 역할을 하고 있음을 확인하였다. 특히 새로운 혁신 패러다임인 후기-신공공관리 패러다임이 기존의 신공공관리 패러다임을 완전히 대체하는 것이 아니라, 두 개의 경쟁적인 혁신 패러다임이 관료 조직 내에서 밀물과 썰물과 같이 함께 공존하고 있음을 확인하였다. 즉, 조직 내에 존재하는 혁신 가치는 시간의 흐름 그리고 외부 환경 변화에 의해서 기존의 가치에서 새로운 가치로 완전히 대체되는 것이 아니라 경쟁적인 관계에 놓여있는 상반된 가치라 할지라도 함께 공존해나가면서 조직 내에서 보다 적실한 역할을 할 수 있는 혁신가치를 형성하고 유지·발전해 나간다는 것을 확인할 수 있었다.

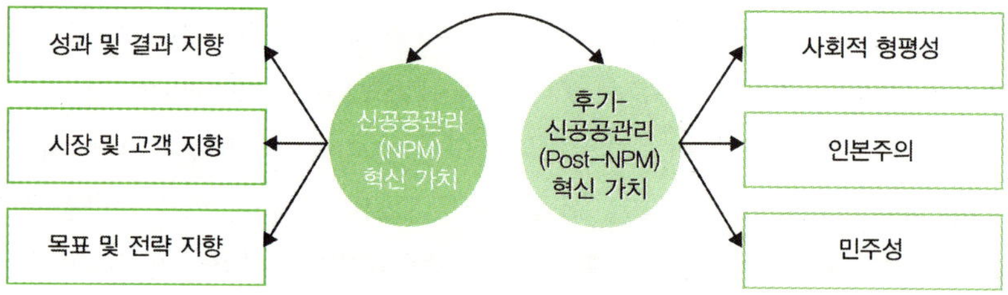

자료: Park & Joaquin(2012)

제2장

인사혁신의 체계

제2장 인사혁신의 체계

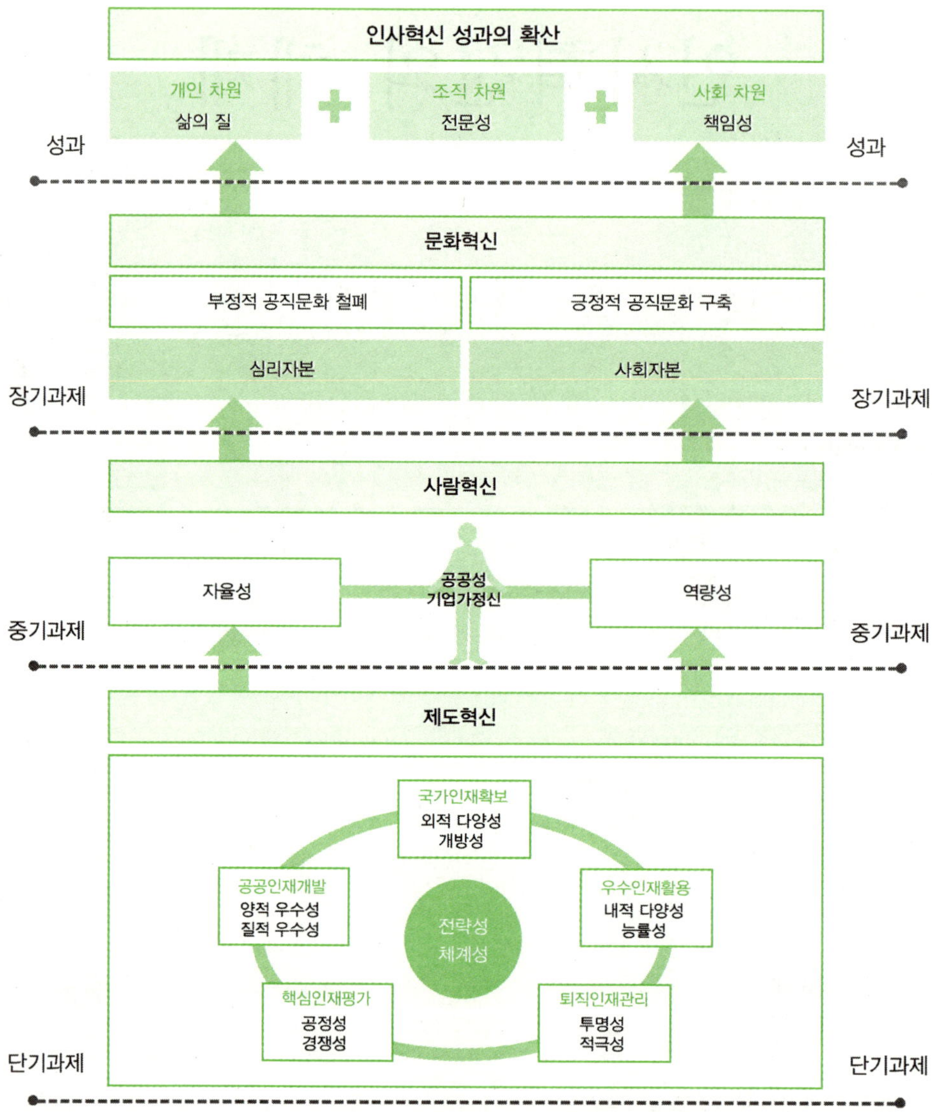
인사혁신 성과의 확산
개인 차원
삶의 질
조직 차원
전문성
사회 차원
책임성
성과
성과
문화혁신
부정적 공직문화 철폐
긍정적 공직문화 구축
심리자본
사회자본
장기과제
장기과제
사람혁신
자율성
공공성
기업가정신
역량성
중기과제
중기과제
제도혁신
국가인재확보
외적 다양성
개방성
공공인재개발
양적 우수성
질적 우수성
전략성
체계성
우수인재활용
내적 다양성
능률성
핵심인재평가
공정성
경쟁성
퇴직인재관리
투명성
적극성
단기과제
단기과제

사례로 보는 인사혁신

"45개 정부기관 인사혁신 점수 매긴다" … 내달 초 공개

우수·보통·미흡 평가해 우수기관에 인센티브

인사혁신처(이하 인사처)가 올해부터 각 부처 인사혁신 수준을 처음으로 평가하고 내달초 그 결과를 공개한다. 인사처 관계자는 10일 "각 부처의 인사혁신 추진 상황을 진단하기 위해 인사혁신 지수를 만들었으며, 2월 초에 진단 결과를 발표한다"고 밝혔다. 인사처는 출범 이후 지난 1년 동안 혁신을 위한 법적·제도적 장치는 어느 정도 구비했다고 보고, 전 부처로 혁신을 확산시키기 위해 지수를 만들었다고 밝혔다. 특히 인사처가 전 부처에 대한 평가 결과를 공개하기로 하면서, 혁신 성과가 저조한 기관은 상당한 압박감을 느낄 것으로 보인다.

평가 대상은 국무조정실 등 24개 장관급 기관과 국세청 등 21개 차관급 기관 등 45개 중앙행정기관이다. 진단 항목은 혁신기반 20%와 혁신과정·성과 80%다.

혁신 기반은 인사혁신 추진을 위한 기본적인 역량 수준을 진단하는 항목으로, 기관장의 인사혁신 추진 의지와 자체 인사혁신 계획 우수성 등으로 구성돼 있다.

혁신과정·성과 항목으로는 ▲개방형 직위 민간인재 유치 노력 ▲인재육성 ▲필수보직 기간 준수율 ▲전문직위 운영 현황 ▲능력·성과 중심의 성과관리 노력도 ▲연가·유연근무 이용 활성화 노력 ▲시간선택제 공무원 활성화 정도 등이다.

인사처는 지난해 11~12월 진단팀을 구성해 1차 진단을 실시했고, 올해 1월부터 2차 진단을 실시하고 있다. 인사처는 현재까지 진단 결과 대다수 기관에서 채용의 개방성과 전문직위 운영, 필수보직 기간 운영, 성과 관리 분야에서 미흡한 점수를 받았다고 설명했다.

이번 평가를 통해 각 부처의 순위가 모두 매겨지지만, 결과는 우수·보통·미흡으로만 발표한다. 인사처는 혁신 실적이 우수한 기관에 대해서는 교육·훈련 우선 배정, 국제기구 파견 우선 배정 등의 인센티브를 제공하기로 했다. 반면 혁신 실적이 저조한 기관에 대해서는 우선적으로 인사 관련 행정학자나 인사 담당 기업 임원 출신 등이 실시하는 컨설팅을 받도록 할 방침이다. 인사처는 일회성 조사에 그치지 않고, 매년 1~2월 전년도 인사혁신 실적을 조사한 뒤 평가 결과를 발표할 계획이다.

자료: 연합뉴스(2016.01.10)

연구로 보는 인사혁신

정부 인사혁신 프로세스별 핵심 가치 도출에 관한 연구

본 연구는 "정부 인사혁신에 있어 프로세스별로 지향해야 하는 핵심 혁신 가치는 무엇인가?"라는 연구 질문을 바탕으로 학문적 시각을 반영하기 위한 내용분석과 실무적 시각을 반영하기 위한 초점집단인터뷰를 통해 인사혁신의 차원 및 단계별 핵심 가치를 통합적 시각에서 탐색해 보았다. 특히, 인사혁신이 제도와 사람, 문화 등의 차원을 아우르는 포괄적인 활동임에도 불구하고 기존의 연구에서는 특정 차원 및 단계에서 강조되는 혁신 가치만을 다루어왔기 때문에 본 연구에서는 인사혁신을 제도혁신, 사람혁신, 문화혁신 등 3개 차원으로 구분하고 이를 각각 기반 조성 단계와 체계화 단계로 구분하여 접근하였다.

연구 결과 제도혁신 기반 조성 단계의 핵심 인사혁신 가치로는 "전략성"과 "체계성"을 선정하였고, 제도혁신 체계화 단계에서 모집·선발 부문의 핵심 인사혁신 가치로는 "외적 다양성"과 "외적 개방성"을, 교육·훈련 부문의 핵심 인사혁신 가치로는 "양적 우수성"과 "질적 우수성"을, 유지·활용 부문의 핵심 인사혁신 가치로는 "내적 다양성"과 "내적 개방성"을, 평가·보상 부문의 핵심 인사혁신 가치로는 "경쟁성"과 "공정성"을, 퇴직관리 부문의 핵심 인사혁신 가치로는 "소극적 관리"와 "적극적 관리"를 선정하였다. 그리고 사람혁신 기반 조성 단계의 핵심 인사혁신 가치로는 "공공성"과 "자율성"을 선정하였고, 사람혁신 체계화 단계의 핵심 인사혁신 가치로는 "바른 리더십"과 "바른 팔로워십"을 선정하였다. 또한 문화혁신 기반 조성 단계의 핵심 인사혁신 가치로는 "사회자본"과 "심리자본"을 선정하였고, 문화혁신 체계화 단계를 위한 핵심 인사혁신 가치로는 "부정적 공직문화 철폐"와 "긍정적 공직문화 구축"을 선정하였다.

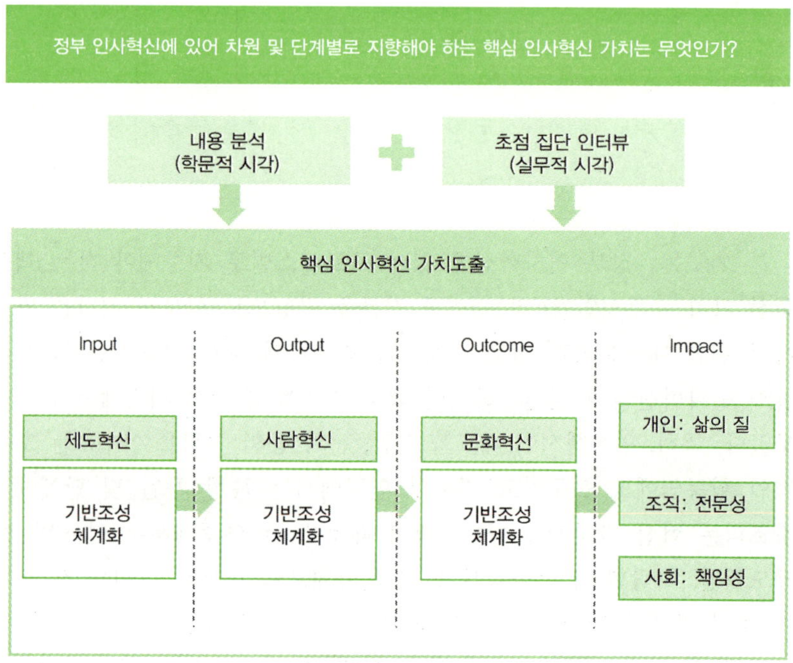

자료: 김선아·박성민(2016a)

제 2 편

인사혁신의 단기 과제: 제도혁신

제3장

제도혁신의 토대적 차원

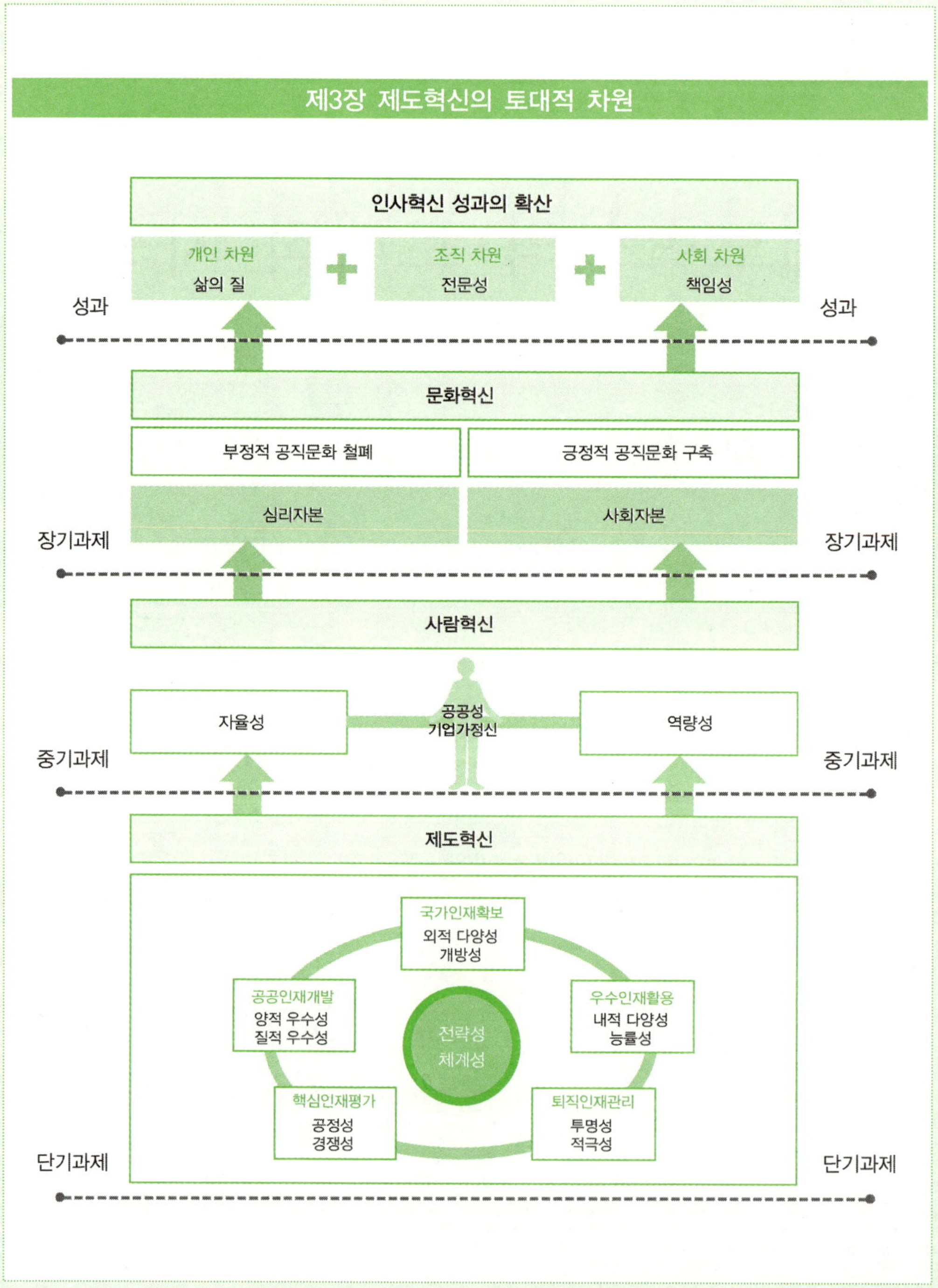
제3장 제도혁신의 토대적 차원
인사혁신 성과의 확산
개인 차원
삶의 질
조직 차원
전문성
사회 차원
책임성
성과
성과
문화혁신
부정적 공직문화 철폐
긍정적 공직문화 구축
심리자본
사회자본
장기과제
장기과제
사람혁신
자율성
공공성
기업가정신
역량성
중기과제
중기과제
제도혁신
국가인재확보
외적 다양성
개방성
공공인재개발
양적 우수성
질적 우수성
전략성
체계성
우수인재활용
내적 다양성
능률성
핵심인재평가
공정성
경쟁성
퇴직인재관리
투명성
적극성
단기과제
단기과제

인사혁신 활동의 진단 및 측정

1. 전략성의 진단 및 측정

제도혁신의 토대적 차원에서 핵심 인사혁신 가치로서 전략성은 공무원이 국정운영에 있어 핵심적인 역할을 수행할 수 있도록 지원하기 위해 국정운영의 목표를 공공 인적자원관리 체계에 내재화시키고 이를 중심으로 인적자원관리 기능 간의 유기적 연계를 강화해나가려는 노력을 의미한다. 조직적 차원에서 전략성이라는 인사혁신 가치를 실현하고자 하는 노력은 <표 3-1>과 <표 3-2>의 지표와 문항을 바탕으로 진단 및 측정할 수 있다.

표 3-1 전략성의 진단[1]

<table>
<tr><td>진단 항목</td><td>가. 인사혁신 목표 설정 및 명시화 여부
나. 조직의 중장기 전략 수립에 있어 인사관리 및 인사혁신 담당자의 참여 여부
다. 조직의 중장기 전략과 인적자원관리전략과의 연계 여부
라. 정기적인 인력수급계획 수립 여부
마. 중장기 인사혁신계획 수립 여부
바. 공공 인적자원관리의 전략성 확보를 위한 우수 활동 사례</td></tr>
<tr><td>진단 기준
(예시)</td><td>가. 인사혁신 목표 설정 및 명시화 여부(1점)<table><tr><td>없음</td><td>있음</td></tr><tr><td>0점</td><td>1점</td></tr></table>
나. 조직의 중장기 전략 수립에 있어 인사관리 및 인사혁신 담당자의 참여 여부(1점)<table><tr><td>참석하지 않음</td><td>참석함</td></tr><tr><td>0점</td><td>1점</td></tr></table></td></tr>
</table>

1) 본서에서는 예시 차원에서 제시한 진단 지표의 실제적 활용 가능성을 높이기 위해 10점 기준으로 배점 구간을 구체적으로 제시하였다.

다. 조직의 중장기 전략과 인적자원관리전략과의 연계 여부(1점)

연계되지 않음	연계 됨
0점	1점

라. 정기적인 인력수급계획 수립 여부(1점)

수립하지 않음	수립
0점	1점

마. 중장기 인사혁신계획 수립 여부(3점)

없음	있음	3년차	5년차
0점	1점	2점	3점

바. 공공 인적자원관리의 전략성 확보를 위한 우수 활동 사례(3점)

없음	미흡	보통	탁월
0점	1점	2점	3점

표 3-2 전략성의 측정

번호	문항	매우 부정	←←←←←		보통	→→→→→		매우 긍정
		매우 그렇지 않다	그렇지 않다	약간 그렇지 않다	보통이다	약간 그렇다	그렇다	매우 그렇다
1	우리 기관은 인적자원관리 및 인사혁신 계획을 수립하는 데 있어 국가의 내·외부 환경을 분석한다.	①	②	③	④	⑤	⑥	⑦
2	우리 기관은 인적자원관리 및 인사혁신 계획을 수립하는 데 있어 조직의 내·외부 환경을 분석한다.	①	②	③	④	⑤	⑥	⑦
3	우리 기관의 인사관리 제도는 국가의 중장기 비전 및 전략과 유기적으로 연계되어 있다.	①	②	③	④	⑤	⑥	⑦
4	우리 기관의 인사관리 제도는 기관의 중장기 비전 및 전략과 유기적으로 연계되어 있다.	①	②	③	④	⑤	⑥	⑦

5	우리 기관은 조직의 미션, 비전, 전략을 분석하여 조직의 전략과 연계된 인적자원관리 전략을 수립한다.	①	②	③	④	⑤	⑥	⑦
6	우리 기관의 인적자원관리 및 인사혁신 활동은 조직의 미션과 목표를 달성하는데 기여한다.	①	②	③	④	⑤	⑥	⑦
7	우리 기관의 인적자원관리 제도는 채용, 교육·훈련, 평가, 보상 등과 같은 각각의 기능이 개별적으로 수행되는 것이 아니라 조직의 미션 및 목표의 연계선상에서 통합되어 있다.	①	②	③	④	⑤	⑥	⑦
8	우리 기관의 인적자원관리 제도는 채용, 교육·훈련, 평가, 보상 등과 같은 각각의 기능이 상호 보완적으로 이루어진다.	①	②	③	④	⑤	⑥	⑦

2. 체계성의 진단 및 측정

제도혁신의 토대적 차원에서 핵심 인사혁신 가치로서 체계성은 직무와 사람에 대한 과학적 분석을 토대로 거시적 차원에서 국정운영을 안정적으로 지원하는 선진화된 인적자원관리 체계를 구현하기 위한 노력을 의미한다. 조직적 차원에서 체계성이라는 인사혁신 가치를 실현하고자 하는 노력은 <표 3-3>과 <표 3-4>의 지표와 문항을 바탕으로 진단 및 측정할 수 있다.

표 3-3 체계성의 진단[2)]

진단 항목	가. 인적자원관리 및 인사혁신 전담 조직 및 인력 유무 나. 직무기술서 및 직무명세서 보유 여부 다. 직무기술서 및 직무명세서 갱신 라. 직무기술서 및 직무명세서 활용 분야 마. 국가인재 DB 활용도 바. 공공 인적자원관리의 체계성 확보를 위한 우수 활동 사례

2) 본서에서는 예시 차원에서 제시한 진단 지표의 실제적 활용 가능성을 높이기 위해 10점 기준으로 배점 구간을 구체적으로 제시하였다.

진단 기준 (예시)

가. 인적자원관리 및 인사혁신 전담 조직 및 인력 유무(1점)

없음	전체 인원 중 % 이상
0점	1점

나. 직무기술서 및 직무명세서 보유 여부(1점)

없음	있음
0점	1점

다. 최근 3년간 직무기술서 및 직무명세서 갱신 횟수(1점)

없음	있음
0점	1점

라. 직무기술서 및 직무명세서 활용 분야(2점)

모집선발	교육·훈련	유지활용	평가보상
0.5점	0.5점	0.5점	0.5점

마. 국가인재 DB 활용도: 전년대비 주요 공직후보자 추천요청 증가건수 (2점)

없음	1건	2건	3건 이상
0점	1점	1.5점	2점

바. 공공 인적자원관리의 체계성 확보를 위한 우수 활동 사례(3점)

없음	미흡	보통	탁월
0점	1점	2점	3점

표 3-4 체계성의 측정

번호	문항	매우 부정	←←←←←		보통	→→→→→		매우 긍정
		매우 그렇지 않다	그렇지 않다	약간 그렇지 않다	보통이다	약간 그렇다	그렇다	매우 그렇다
1	우리 기관은 직무분석이 이루어지고 있다.	①	②	③	④	⑤	⑥	⑦
2	우리 기관은 각 직무별로 직무기술서를 작성하고 있다.	①	②	③	④	⑤	⑥	⑦

3	우리 기관 내에 존재하는 직무기술서는 직무수행의 주요 임무와 책임에 대해 구체적으로 명시하고 있다.	①	②	③	④	⑤	⑥	⑦
4	우리 기관 내에 존재하는 직무기술서는 직무수행에 필요한 자격을 구체적으로 명시하고 있다.	①	②	③	④	⑤	⑥	⑦
5	우리 기관은 직무평가가 이루어지고 있다.	①	②	③	④	⑤	⑥	⑦
6	우리 기관은 인력관리계획을 수립하고 있다.	①	②	③	④	⑤	⑥	⑦
7	우리 기관이 보유한 인력관리계획에는 향후 2년간의 실천계획을 구체적으로 명시하고 있다.	①	②	③	④	⑤	⑥	⑦
8	우리 기관이 보유한 인력관리계획에는 향후 5년간의 실천계획을 구체적으로 명시하고 있다.	①	②	③	④	⑤	⑥	⑦
9	우리 기관에는 직무 분석 및 직무 평가를 전담하는 인력 및 조직이 존재한다.	①	②	③	④	⑤	⑥	⑦
10	우리 기관에는 인력관리계획을 전담하는 인력 및 조직이 존재한다.	①	②	③	④	⑤	⑥	⑦

사례로 보는 인사혁신

정부, 인사전문가 경력채용 … 특별승진 활성화

인사혁신처는 내년부터 행정직렬에 인사조직을 신설하고 인사업무 전문가를 경력직으로 채용할 계획이라고 16일 밝혔다.

정부는 각 부처 인사과장 52명 중 절반가량이 인사 관련 경력이 없는데다가 순환보직으로 인해 평균 재직 기간이 1년에 불과하다 보니 인사 전담 인력의 전문성이 떨어진다고 판단해 이 같은 방안을 마련했다고 설명했다.

이에 정부의 모든 인사업무를 전문가가 전담하도록 하는 전략적 인적자원관리 방식을 도입할 계획이다. 이를 위해 인사조직 직류를 신설하고 2016년 경력채용부터 인사전문가를 선발한다.

이를 통해 인사담당자 간 부처 교류도 확대돼 전문성을 높이고, 정부 인사업무의 질적 향상과 효율화에도 기여할 것으로 전망했다.

정부는 또한 공무원의 근무의욕을 높이고 대국민 서비스 향상을 도모하기 위한 방안도 마련했다. 정부는 승진소요최저연수에 관계없이 승진할 수 있도록 특별승진 제도를 개선해 능력과 성과가 뛰어난 공무원은 빨리 승진할 수 있게 할 계획이다.

최관섭 인사관리국장은 "인사조직류를 신설해 공직 내 인사전문가를 확충함으로써 정부인사가 '개인'이 아닌 '조직'을 위한 인사로 진화할 것"이라며 "공직 전문성과 경쟁력을 강화하는 방향으로 정부 인사운영을 하겠다"고 말했다.

자료: 뉴시스(2015.11.16), 한국경제TV(2015.12.22)

공공기관 10곳 중 4곳 능력중심채용 NCS 도입

공공기관 10곳 중 4곳은 학벌이나 스펙보다 직무능력을 우선하는 채용 시스템인 국가직무능력표준(National Competency Standards: NCS)제도를 도입한 것으로 집계됐다.

고용노동부에 따르면 지난해 기준으로 323개의 공공기관 중 130개 기관이 능력중심 채용방식을 도입했다. 이 중 실질적인 채용공고를 낸 기관은 105곳으로 규모는 5877명이다.

NCS는 능력 중심 사회를 만들기 위해 도입한 것으로 학점, 토익 등 스펙이 아닌 기업에서 요구하는 직무 능력을 따진다. 이를 위해 산업현장에서 업무 수행에 필요한 지식과 기술 등 직무 관련 능력을 표준화했으며 해당 직무의 상세내용·직무능력 평가기준을 선정, 사전에 공지하고 그 기준으로 인재를 선발한다. 직무능력을 중심으로 신입사원을 채용하다 보니 과도한 스펙보유 현상이 완화되고 있는 것으로 나타났다.

지난해 하반기 25개 기관 신규 취업자 349명 대상 설문조사를 실시한 결과, 취업자 중 40%는 토익 등 영어점수를 보유하지 않았다. 또 NCS 채용 준비를 위해 학원·인터넷강의 등 사교육보다는 셀프스터디·NCS 사이트 등에 대한 의존 비율이 높았다. 출신대학 분포가 증가하고 고·전문대졸 출신이 증가한 것도 긍정적인 변화다.

남동발전은 10명당 출신대학 분포가 2014년 3.7개에서 지난해 4.9개로 늘었고, 국립공원관리공단은 고·전문대졸 비율이 같은 기간 0%에서 25%로 뛰었다. '능력중심채용 경진대회'에 참여한 30개 기관의 개별사례를 분석한 결과, 서부발전, 한국전기안전공사 등은 신입직원 중도 퇴사율이 감소한 것으로 조사됐다.

정부는 직무능력 중심의 채용을 확산하기 위해 우선 공공기관을 중심으로 능력중심 인사관리를 강화할 계획이다.

올해 NCS 도입 기관을 230곳으로 늘리고 내년까지 전 공공기관에 능력중심채용을 적용할 계획이다.

대기업은 능력중심채용 MOU 체결, 캠페인 등으로 자율 확산을 유도하고, 중소기업은 컨설팅을 지원해 우수사례를 도출할 방침이다. 지난해까지 KT, 현대카드, 현대모비스, 신한은행, CJ E&M 등 28개 대기업이 업무협약을 맺었다. 중소기업의 경우 올해 1000여 곳을 대상으로 NCS 기반 채용, 훈련 등을 안내한다.

고용부 관계자는 "능력중심채용을 도입한 공공기관 및 민간기업의 채용성과를 분석해 향후 발전방향을 모색하고, 우수사례를 발굴해 확산할 것"이라며 "관계부처가 협업해 스펙이 아닌 능력중심 노동시장 생태계 조성, 현장중심 교육개혁에도 노력하겠다"고 말했다.

자료: 뉴시스(2016.03.07)

연구로 보는 인사혁신

개인-직무 및 개인-조직 간 적합성이 조직결과에 미치는 영향력 분석: 신뢰의 매개효과를 중심으로

본 연구는 중앙공무원들을 대상으로 공공부문의 전략적 인적자원관리 시각에서 개인-직무 적합성(P-J Fit), 개인-조직 적합성(P-O Fit), 신뢰(대인신뢰, 조직신뢰), 그리고 조직결과(직무만족, 공직봉사동기) 간의 인과관계를 분석하였다. 즉, 공공기관에서 개인-직무-조직 간 적합성을 높이고자 하는 전략적 인적자원관리의 접근 방식이 신뢰를 매개로 하여 조직결과에 어떠한 영향을 미치는지 검증하고자 하였고, 이러한 변수 간의 관계를 파악하기 위해 공분산구조분석을 실시하여 실증적인 가설 검증을 시도하였다. 또한 양적 연구에서 나타나는 여러 가지 한계점을 보완하고자 질적 연구의 일환으로 공공부문 종사자를 대상으로 심층 인터뷰를 실시하였다. 본 연구를 통해 첫째, 개인-조직 적합성은 대인신뢰와 조직신뢰에 긍정적인 영향을 주는 것으로 나타난 반면, 개인-직무 적합성은 대인신뢰와 조직신뢰에 크게 영향을 미치지 않는 것으로 나타났다. 둘째, 대인신뢰와 조직신뢰 모두 직무만족에는 긍정적인 영향을 주는 반면, 공직봉사동기에는 대인신뢰만이 긍정적인 영향을 주는 것으로 나타났다. 셋째, 신뢰의 매개효과 분석에 있어 개인-직무 적합성과 직무만족 간의 관계에 있어서는 조직신뢰가 유의미한 매개효과를 보이는 것으로 나타났고, 개인-조직 적합성과 직무 만족 간의 관계에서는 대인신뢰와 조직신뢰 모두 중요한 매개역할을 하는 것으로 나타났다. 또한 개인-조직 적합성과 공직봉사동기 간의 관계에서는 대인신뢰만 유의미한 매개 역할을 하고 있는 것으로 나타났다. 이를 통해 공공조직 내 신뢰 형성 프로세스가 중요한 사회화 요인으로서의 역할을 하고 있음을 확인할 수 있었다. 끝으로, 본 연구는 이러한 양적 분석 및 질적 분석 결과들을 바탕으로 인사·조직 관리 및 성과 관리적 시각에서 이론적·정책적 함의를 제시하고자 하였다.

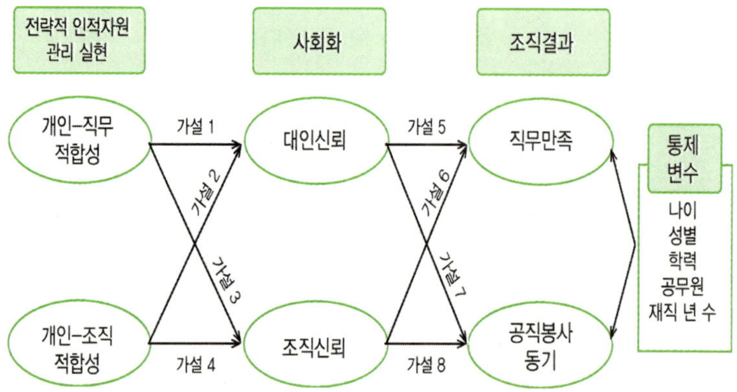

자료: 박성민 · 김민영 · 김민정(2014)

제4장

제도혁신의 발전적 차원: 국가인재확보

제4장 제도혁신의 발전적 차원: 국가인재확보

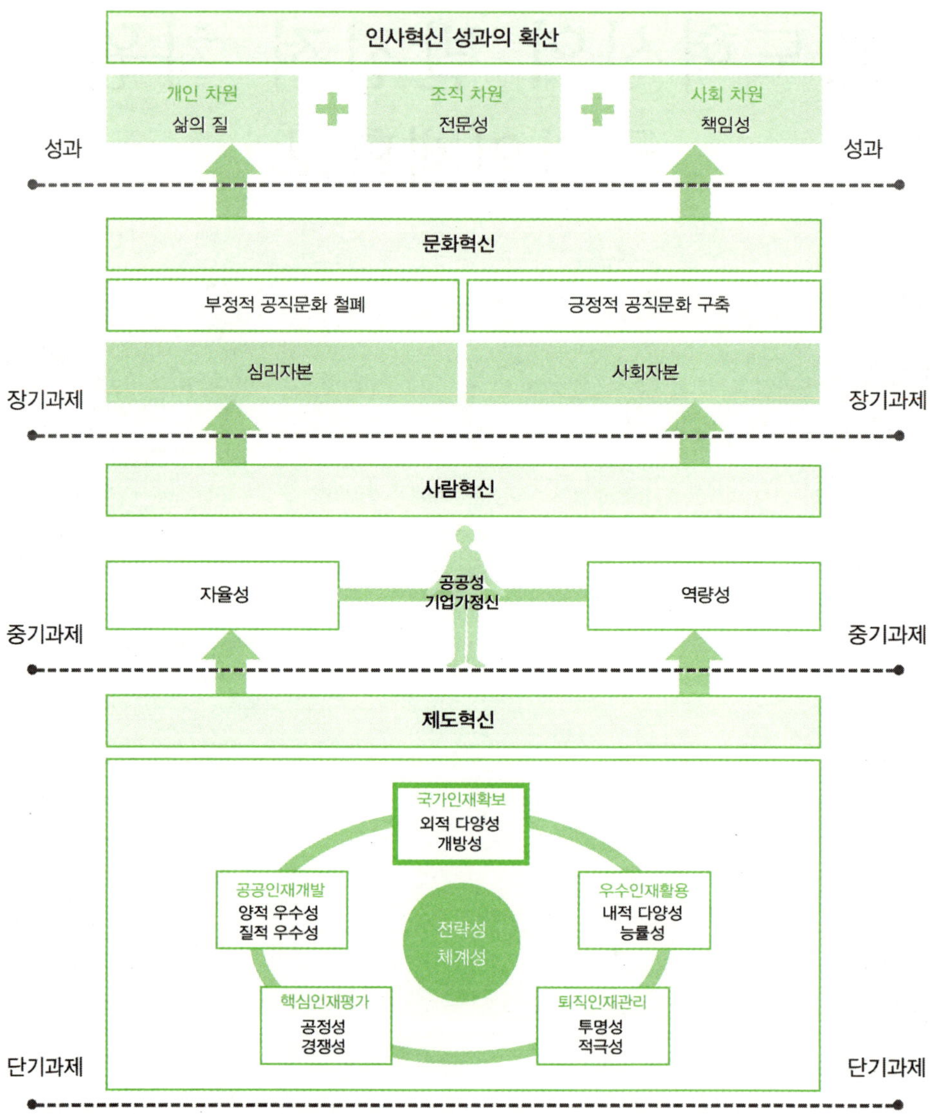

인사혁신 활동의 진단 및 측정

1. 외적 다양성의 진단 및 측정

제도혁신의 발전적 차원에서 공공 인적자원관리 프로세스 중 국가인재확보 과정에서의 핵심 인사혁신 가치로서 외적 다양성은 국가인재확보 과정에서 소수집단에 대한 배려를 통해 인적 구성의 다양성을 확보하고 이들을 포용적으로 관리하고자 하는 노력을 의미한다. 조직적 차원에서 외적 다양성이라는 인사혁신 가치를 실현하고자 하는 노력은 <표 4-1>과 <표 4-2>의 지표와 문항을 바탕으로 진단 및 측정할 수 있다.

표 4-1 외적 다양성의 진단[1]

<table>
<tr><td>진단 항목</td><td>가. 기관별 지역인재 9급 수습직원 수요제출 및 임용 실적
나. 장애인고용촉진 및 직업재활법에 따른 의무고용률(3%) 달성도
다. 중증장애인 경력채용 실적
라. '4급 이상 여성관리자 임용확대 계획'상 부처별·연도별 임용 목표 달성도
마. 4급 이상 여성관리자 임용확대 추진 노력도
바. 국가인재확보의 과정에서 외적 다양성 확보를 위한 우수활동 사례</td></tr>
<tr><td>진단 기준
(예시)</td><td>가. 기관별 지역인재 9급 수습직원 수요제출 및 임용 실적(2점)
<table>
<tr><td rowspan="2">지역인재 9급
임용인원</td><td>0명</td><td>1명~10명 미만</td><td>10명 이상</td></tr>
<tr><td>0점</td><td>0.5점</td><td>1점</td></tr>
</table>
<table>
<tr><td rowspan="2">지역인재 9급
제출수요</td><td>0명</td><td>1명~10명 미만</td><td>10명 이상</td></tr>
<tr><td>0점</td><td>0.5점</td><td>1점</td></tr>
</table>
나. 장애인고용촉진 및 직업재활법에 따른 의무고용률(3%) 달성도(1점)
<table>
<tr><td>3% 미만</td><td>3%~4% 미만</td><td>4% 이상</td></tr>
<tr><td>0점</td><td>0.5점</td><td>1점</td></tr>
</table>
</td></tr>
</table>

1) 본서에서는 예시 차원에서 제시한 진단 지표의 실제적 활용 가능성을 높이기 위해 10점 기준으로 배점 구간을 구체적으로 제시하였다.

다. 중증장애인 경력채용 실적(1점)

없음	1명	2명 이상
0점	0.5점	1점

라. '4급 이상 여성관리자 임용확대 계획'상 부처별·연도별 임용 목표 달성도(2점)

목표 미달	목표 달성	5% 이상 초과 달성	10% 이상 초과 달성
0점	1점	1점	2점

마. 4급 이상 여성관리자 임용확대 추진 노력도(1점)

없음	1명	2명 이상
0점	0.5점	1점

바. 국가인재확보 과정에서 외적 다양성 확보를 위한 우수활동 사례(3점)

없음	미흡	보통	탁월
0점	1점	2점	3점

표 4-2 외적 다양성의 측정

번호	문항	매우 부정	←←←←		보통	→→→→		매우 긍정
		매우 그렇지 않다	그렇지 않다	약간 그렇지 않다	보통이다	약간 그렇다	그렇다	매우 그렇다
1	우리 기관은 다양한 배경을 가진 인적 자원을 채용하기 위해 노력한다.	①	②	③	④	⑤	⑥	⑦
2	우리 기관은 유능한 민간인재를 발굴·유치하기 위해 노력한다.	①	②	③	④	⑤	⑥	⑦
3	우리 기관은 장애인 인재 유치에 있어 적극적이다.	①	②	③	④	⑤	⑥	⑦
4	우리 기관은 관리자 임용에 있어 유능한 여성 인재를 유치하기 위해 노력한다.	①	②	③	④	⑤	⑥	⑦

5	우리 기관은 직종이나 직무별로 선발기준(보유능력, 전문지식, 적성 등)을 설정하여 차별 없이 가장 적합한 구성원을 채용한다.	①	②	③	④	⑤	⑥	⑦
6	우리 기관은 관리자급 구성원들이 다양한 배경을 가진 인력에 대한 편견을 갖지 않게 하기 위해 충분한 교육을 실시한다.	①	②	③	④	⑤	⑥	⑦
7	우리 기관은 조직 구성원들이 다양한 배경을 가진 인력에 대한 편견을 갖지 않게 하기 위해 충분한 교육을 실시한다.	①	②	③	④	⑤	⑥	⑦
8	우리 기관에서는 다양한 인적 자원이 각각의 특성에 맞는 업무가 가능하도록 직무설계가 되어 있다.	①	②	③	④	⑤	⑥	⑦

2. 개방성의 진단 및 측정

제도혁신의 발전적 차원에서 공공 인적자원관리 프로세스 중 국가인재확보 과정에서이 핵심 인사혁신 가치로서 개방성은 민간부문에 공직의 문호를 개방하고 공공부문 내에서의 인사교류 활성화를 통해 조직 내에 새로운 인적자원을 적극적으로 충원하고자 하는 노력을 의미한다. 조직적 차원에서 개방성이라는 인사혁신 가치를 실현하고자 하는 노력은 <표 4-3>과 <표 4-4>의 지표와 문항을 바탕으로 진단 및 측정할 수 있다.

표 4-3 개방성의 진단[2]

진단 항목

가. 민간경력자 일괄 채용률
나. 공모직위 외부 임용률
다. 인사교류 달성률(4급 이상 / 전체)
라. 민간조직 및 비영리조직 인원교류
마. 국제기구 및 개발도상국 인원교류
바. 국가인재확보 과정에서 개방성 확보를 위한 우수활동 사례

진단 기준 (예시)

가. 민간경력자 일괄 채용률(2점)

30% 미만	35% 이상	40% 이상	45% 이상	50% 이상
0점	0.5점	1점	1.5점	2점

나. 공모직위 외부 임용률(2점)

10% 미만	20% 이상	30% 이상	40% 이상	50% 이상
0점	0.5점	1점	1.5점	2점

다. 인사교류 달성률(2점)
※ 4급 이상(과장급)

3% 미만	3% 이상	5% 이상	7% 이상	10% 이상
0점	0.5점	1점	1.5점	1점

※ 전체

없음	0.1% 이상	0.6% 이상	1.1% 이상	2% 이상
0점	0.5점	1점	1.5점	1점

라. 민간조직 및 비영리조직 인원교류(0.5점)

없음	있음
0점	0.5점

마. 국제기구 및 개발도상국 인원교류(0.5점)

없음	있음
0점	0.5점

2) 본서에서는 예시 차원에서 제시한 진단 지표의 실제적 활용 가능성을 높이기 위해 10점 기준으로 배점 구간을 구체적으로 제시하였다.

바. 국가인재확보 과정에서 개방성 확보를 위한 우수활동 사례(3점)

없음	미흡	보통	탁월
0점	1점	2점	3점

표 4-4 개방성의 측정

번호	문항	매우 부정	←←←←←		보통	→→→→→		매우 긍정
		매우 그렇지 않다	그렇지 않다	약간 그렇지 않다	보통이다	약간 그렇다	그렇다	매우 그렇다
1	우리 기관은 다양한 배경을 가진 인적 자원을 채용하기 위해 노력한다.	①	②	③	④	⑤	⑥	⑦
2	우리 기관은 유능한 민간인재를 발굴·유치하기 위해 노력한다.	①	②	③	④	⑤	⑥	⑦
3	우리 기관은 장애인 인재 유치에 있어 적극적이다.	①	②	③	④	⑤	⑥	⑦
4	우리 기관은 관리자 임용에 있어 유능한 여성 인재를 유치하기 위해 노력한다.	①	②	③	④	⑤	⑥	⑦
5	우리 기관은 직종이나 직무별로 선발기준(보유능력, 전문지식, 적성 등)을 설정하여 차별 없이 가장 적합한 구성원을 채용한다.	①	②	③	④	⑤	⑥	⑦
6	우리 기관은 관리자급 구성원들이 다양한 배경을 가진 인력에 대한 편견을 갖지 않게 하기 위해 충분한 교육을 실시한다.	①	②	③	④	⑤	⑥	⑦
7	우리 기관은 조직 구성원들이 다양한 배경을 가진 인력에 대한 편견을 갖지 않게 하기 위해 충분한 교육을 실시 한다.	①	②	③	④	⑤	⑥	⑦
8	우리 기관에서는 다양한 인적 자원이 각각의 특성에 맞는 업무가 가능하도록 직무설계가 되어 있다.	①	②	③	④	⑤	⑥	⑦

9	우리 기관에서는 다른 직무 및 부서로의 순환 근무를 통해 다양한 지식과 네트워크를 쌓는 것을 장려한다.	①	②	③	④	⑤	⑥	⑦
10	우리 기관에서는 타 부처로의 순환 근무를 통해 다양한 지식과 네트워크를 쌓는 것을 장려한다.	①	②	③	④	⑤	⑥	⑦
11	우리 기관은 민간조직 및 비영리 조직 등에서의 경험을 통해 다양한 지식을 습득할 수 있도록 장려한다.	①	②	③	④	⑤	⑥	⑦
12	우리 기관에서는 국제기구 등에서의 경험을 통해 다양한 지식을 습득할 수 있도록 장려한다.	①	②	③	④	⑤	⑥	⑦
13	나는 시간선택제 공무원제도의 취지와 내용 등에 대해 잘 알고 있다.	①	②	③	④	⑤	⑥	⑦
14	우리 기관은 시간선택제 공무원의 동기부여를 위해 구성원들의 인식을 주기적으로 파악하고 있다.	①	②	③	④	⑤	⑥	⑦
15	시간선택제 공무원제도는 기존의 근무방식이나 행태를 변화시키는 데 기여할 것이다.	①	②	③	④	⑤	⑥	⑦

사례로 보는 인사혁신

[인재경영에 올인하는 기업들]

유리천장 없다 … 재계 첫 女채용할당제

코오롱그룹의 인재 양성 키워드는 창의, 도전, 긍정, 미래 지향 등 네 가지로 요약된다. 그룹 비전인 '라이프스타일 이노베이터'를 달성하기 위해서는 이 같은 가치가 꼭 필요하다고 보고 있다. 이는 채용 과정에서도 가장 중요하게 평가하는 항목이다.

코오롱은 아울러 핵심 가치인 '원 앤드 온리(one & only)'를 실현하는 인재를 육성하는 데 전력을 기울이고 있다. 원 앤드 온리는 '고객을 최우선으로 여기고 고객이 기대하는 것 이상의 가치를 제공하면서 관행을 넘어 창의적으로 문제를 해결해 목표를 달성한다'는 가치를 함축하고 있다.

코오롱 인사 정책에서 주목할 점은 여성 인력 육성을 위한 노력이다. 재계 최초로 여성인력할당제를 도입해 대졸 신입사원의 30% 이상을 여성으로 의무 선발하는 등 여성 인력 채용을 지속적으로 확대하고 있다. 승진과 보상 등 인사관리에서도 성(性)차별 요소를 철저히 배제하고 능력과 성과에 따라 기회를 부여한다.

이는 "여성들이 역량을 충분히 발휘할 수 있는 환경과 문화를 만들어야 한다"는 이웅열 코오롱 회장의 의지에 따른 것이다. 이 같은 노력은 2012년 임원인사에서 그룹 사상 최초로 여성 최고 경영자(CEO)가 탄생하고, 2010년 이래 매년 1~2명씩 여성 임원이 신규 임용되는 성과로 이어졌다.

여성 능력 개발을 위한 제도 마련에도 적극적이다. 2007년 여성멘토링 제도를 최초로 도입해 시행 중이며 여직원 400여명이 참가해 도움을 받고 있다.

멘토링 제도는 과장 이상의 여성 관리자가 여직원의 고민과 업무에 대해 조언해 주는 제도다. 젊은 여직원에게 직장 내에서 역할 모델을 제시하고 여성 리더를 육성하기 위해 도입한 것으로, 매년 설문과 면담을 통해 제도를 보완하고 있다.

코오롱에 입사한 신입사원들은 부모와 함께 회사에 첫발을 내딛는다.

사장단과 임직원이 마련한 환영 파티에 부모와 함께 참석해 축하와 격려를 받는다.

코오롱의 '웰커밍 파티'는 그룹의 사장단과 임직원들이 신입사원에 대한 축하와 함께 우수한 인재를 길러준 부모에게 감사의 인사를 하는 자리다. 신입사원뿐 아니라 가족들도 소중한 코오롱 가족의 일원으로 함께 한다는 의미를 담고 있다.

회사 사장단과 임직원은 신입사원 부모에게 감사의 마음을 보인다. "행사에 참석한 부모님은 자녀가 어엿한 사회인으로 첫걸음을 내딛는 자리에 함께할 수 있어 의미 있고 가슴이 뿌듯했다고 한목소리로 얘기한다"는 게 코오롱 측 설명이다.

자료: 한국경제(2016.06.20)

중국의 인력자원사회보장부
초빙제 공무원 선발 및 소수민족 특별대우

중국 개혁·개방의 1번지로 통하는 광둥성 선전시가 4만여 명의 공직자 가운데 3천 200명을 초빙제 방식으로 채용하였다. 일반 기업 출신에서부터 사업가 등 다양한 이력을 가진 다양한 분야의 전문가들이 행정에 참여하도록 하였다. 또한 '시험을 통해 진입하는' 원칙을 견지함으로써 공무원 시험채용 규정과 절차에 따라 공개 초빙하였으며, 초빙한 공무원도 문화 수준, 종합자질 등에서 모두 우수한 능력을 보여주었다. QQ닷컴에서 실행한 설문조사에서 90%가 이와 같은 개혁을 지지한다고 응답할 정도로 사회 각계와 지원자 및 현재의 공무원들의 지지를 받고 있는 것으로 밝혀졌다. 중국은 선전시의 사례를 중심으로 지방정부의 개방형 초빙제 도입을 점차 확산시키고 있으며 현재, 베이징, 랴오닝, 장쑤, 후난, 푸지엔, 안후이 등에서도 여러 차례에 걸쳐 선전시에 와서 본 사례를 고찰하고 연구에 참여하고 있다.

중국은 다민족으로 구성된 통일국가로 한족을 제외하고, 55개의 소수민족이 있는데, 중국 대부분의 소수민족 지역은 공무원을 채용할 때 모든 소수민족 수험생들에게 점수를 추가해주는 가점혜택 정책을 시행하고 있다. 특히, 소수민족이 집거하는 지역에서 민족구역자치제도를 실행함으로써, 국가의 민족정책과 소수민족 권익을 효과적으로 실행하고, 소수민족 지역의 발전을 촉진하며, 민족단결을 증진하고, 여러 민족이 함께 살며, 사회의 안정과 국가안정을 유지하는 것에 힘쓰고 있다.

이와 같은 중국의 혁신적 인사제도에 있어 선발의 비과학성 및 임의성, 그리고 소수민족의 자질이 우려된다는 평가가 있다. 중국은 단일제 국가이기 때문에 공무원제도를 시행함에 있어 중앙정부 공무원과 지방정부 공무원을 구분하지 않고, 특별행정구 외의 모든 공무원은 모두 통일된 직위분류 모형을 사용하고 있다. 따라서 중앙과 지방정부, 지방정부 간의 다양한 차이를 반영하지 못하고, 지방의 특성을 반영하지 못하고 있는 실정이다. 또한 지방정부마다 공무원은 직책의 규범, 임직자격, 임무와 책임 등 방면에서 모두 차이가 나는데 이러한 차이가 직위분류제도에 반영되지 않고 있다. 과학적인 직위분석을 통해서 직위가 선정되는 것이 아니며, 상급기관의 요구로 하여 마지못해 선호하지 않는 직위를 선택하는 경우가 많으며 구체적인 직무수행 요건이 명확하지 않은 상황에서 개인의 인적관계가 큰 작용을 하는 경우가 많다. 때문에 이러한 관계를 통해 인사부패가 발생하고 있다는 점을 한계로 지적받는다.

한편, 민족자치 지방공무원의 전체 자질이 낮아 민족 지방정부의 업무성과에 영향을 주고 있는 것으로 나타난다. 공무원 구조에서 민족지역의 정권 수립과 이념건설의 수요에 따라 인재의 양성, 특히 소수민족 간부를 양성하는 측면에서 흔히 행정 간부 위주로 양성하여 당과 정부의 인재가 많지만, 경영과 관리에 능한 전문 간부들이 부족한 실정이다. 또한 정부에서 법률, 회계, 금융, 영업, 국제무역 등 시장 경제의 전문성을 갖춘 공무원들이 부족하다는 우려 역시 제기되고 있다.

자료: 김윤권 외(2013)

연구로 보는 인사혁신

직업선택동기와 직무만족 및 이직의도 간의 관계에 관한 공·사 비교 연구

연구에서는 근로자들이 직업을 선택함에 있어 영향을 미치는 동기 구조를 규명하고, 다양한 차원의 직업선택동기의 선행 및 결과요인들을 여러 가지 동기이론적 시각에서 분석하였다. 뿐만 아니라 이러한 직업선택단계에서의 입직동기가 조직사회화 과정을 통해 직무만족에 미치는 영향력이 어떻게 달라지는가를 규명하기 위해 조절변수인 개인-직무 적합성의 관점에서 3개년도(2009년, 2010년, 2011년)의 시간적 차이를 두고 분석하였다. 특히, 직업선택동기와 직무만족 간의 영향력규명에 있어 공공조직과 민간조직을 구분하여 검증함으로써 직무만족 향상에 있어 세 가지 차원의 직업선택동기의 상대적 중요성을 조직 유형별로 비교 분석하였다.

이에 직업선택동기의 선행변수로서 개인환경요인을, 직업선택동기의 조절변수로서 개인-직무적합성, 결과변수로서 직무만족으로 구성된 연구모형을 토대로 연구 가설을 도출하였으며 공공조직과 민간조직 간의 차이 검증을 위한 t-test, 연도별 사회화 효과 검증을 위한 f-test 및 가설검증을 위한 다중회귀분석과 위계적 회귀분석을 실시하였다. 또한, 양적연구의 한계를 보완하기 위해 공공조직 및 민간조직에 근무하는 근로자들과의 인터뷰를 통한 질적연구를 수행하였다. 통계적 검증을 통해 존재욕구, 관계욕구, 성장욕구 등의 3가지 차원의 직업선택동기와 직무만족 간의 관계에 있어 유의한 효과들을 확인할 수 있었다. 또한, 공공조직 및 민간조직 근로자들의 직무만족 향상에 있어 3가지 차원으로 구성된 직업선택동기의 상대적 중요성 검증을 통해 두 조직 간 차이점을 발견할 수 있었다. 뿐만 아니라 시계열적 분석을 통해 개인-직무 적합성이 조직사회화 요인으로서 중요한 조절 변수의 역할을 담당하고 있음을 확인할 수 있었다. 양적연구와 질적연구 결과를 바탕으로 인사·조직 관리 및 성과 관리적 시각에서 이론적·정책적 함의를 제시하였다.

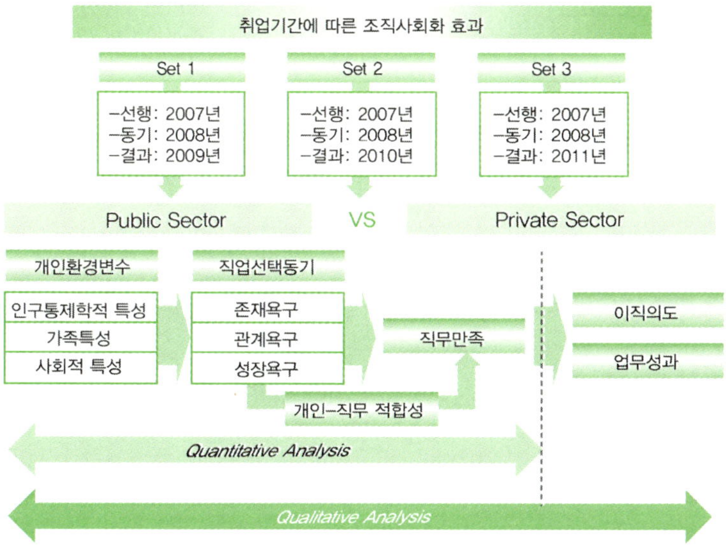

본 연구는 인간 욕구체계의 시각을 통해 직업선택동기를 구성함으로써 연구의 타당성을 확보하고, 공공조직과 민간조직을 구분하여 직업선택동기의 선행요인과 결과요인을 규명하는 것 뿐만 아니라 시간의 흐름에 따른 사회화 효과 및 개인-직무 적합성의 조절효과를 고려함으로써 내적 타당성을 확보했다는 측면에서 학문적 중요성을 발견할 수 있다. 뿐만 아니라 보다 효과적인 인적자원관리를 위한 전략적 인적자원관리 및 다양성 관리 측면에서 관리적 중요성을 발견할 수 있다.

자료: 김선아·민경률·이서경·박성민(2013)

제5장

제도혁신의 발전적 차원: 공공인재개발

제5장 제도혁신의 발전적 차원: 공공인재개발

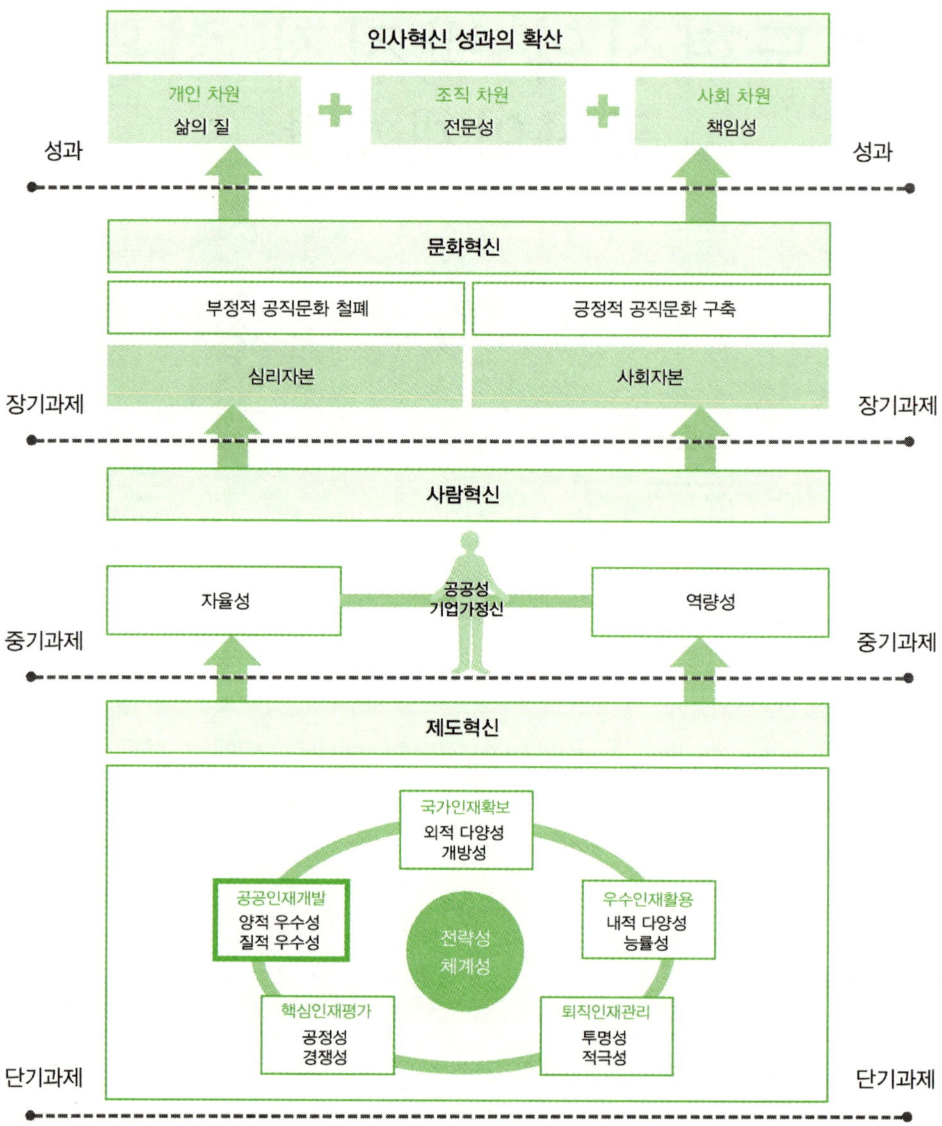

인사혁신 활동의 진단 및 측정

1. 양적 우수성의 진단 및 측정

제도혁신의 발전적 차원에서 공공 인적자원관리 프로세스 중 공공인재개발 과정에서의 핵심 인사혁신 가치로서 양적 우수성은 공공인재개발 프로그램의 운영에 있어 수요자의 선호를 반영하고 다변화된 행정수요에 대응할 수 있는 다양한 역량 개발을 지원하기 위해 교육의 내용, 교육의 장소, 교육의 유형 등의 측면에서 다양성을 확보하려는 노력을 의미한다. 조직적 차원에서 양적 우수성이라는 인사혁신 가치를 실현하고자 하는 노력은 <표 5−1>과 <표 5−2>의 지표와 문항을 바탕으로 진단 및 측정할 수 있다.

표 5-1 양적 우수성의 진단[1]

<table>
<tr><td>진단 항목</td><td>가. 자체 교육훈련프로그램 운영
나. 현장훈련(OJT) 프로그램 운영
다. 해외 연수 및 국제 학위 취득 지원 프로그램 운영
라. 온라인 교육 및 훈련 프로그램 운영
마. 상시학습 이수비율
바. 공공인재개발 과정에서 양적 우수성 확보를 위한 우수활동 사례</td></tr>
<tr><td>진단 기준
(예시)</td><td>가. 자체 교육훈련프로그램 운영[2](1.5점)<table><tr><td>없음</td><td>있음</td></tr><tr><td>0점</td><td>1점</td></tr></table>나. 현장훈련(OJT) 프로그램 운영(1.5점)<table><tr><td>없음</td><td>있음</td></tr><tr><td>0점</td><td>1점</td></tr></table></td></tr>
</table>

1) 본서에서는 예시 차원에서 제시한 진단 지표의 실제적 활용 가능성을 높이기 위해 10점 기준으로 배점 구간을 구체적으로 제시하였다.
2) Action Learning, Problem-Based Learning, 시뮬레이션 기법 등

다. 해외 연수 및 국제 학위 취득 지원 프로그램 운영(1.5점)

없음	있음	실제 수혜자 있음
0점	1점	2점

라. 온라인 교육 및 훈련 프로그램 운영(1.5점)

없음	있음
0점	1점

마. 상시학습 이수비율(1점)

70% 미만	70%~80% 미만	80% 이상
0점	0.5점	1점

바. 공공인재개발 과정에서 양적 우수성 확보를 위한 우수활동 사례(3점)

없음	미흡	보통	탁월
0점	1점	2점	3점

표 5-2 양적 우수성의 측정

번호	문항	매우 부정	←←←←←		보통	→→→→→		매우 긍정
		매우 그렇지 않다	그렇지 않다	약간 그렇지 않다	보통이다	약간 그렇다	그렇다	매우 그렇다
1	나는 조직으로부터 나의 직무수행 능력을 향상시키기 위한 다양한 기회를 제공받고 있다.	①	②	③	④	⑤	⑥	⑦
2	나의 상사는 나의 교육 및 훈련 욕구에 관심을 갖고 있다.	①	②	③	④	⑤	⑥	⑦
3	우리 조직의 교육 및 훈련 프로그램은 직무별/계층별로 체계화 되어 있다.	①	②	③	④	⑤	⑥	⑦
4	교육 및 훈련의 내용은 나의 직무에서 필요로 하는 것들로 잘 반영되어 있다.	①	②	③	④	⑤	⑥	⑦
5	교육 및 훈련시 직무수행에 도움이 되는 구체적인 자료들이 제공되었다.	①	②	③	④	⑤	⑥	⑦
6	나는 내가 조직으로부터 제공받는 교육 및 훈련에 대해 만족한다.	①	②	③	④	⑤	⑥	⑦

2. 질적 우수성의 진단 및 측정

제도혁신의 발전적 차원에서 공공 인적자원관리 프로세스 중 공공인재개발 과정에서의 핵심 인사혁신 가치로서 질적 우수성은 공공인재개발 프로그램의 운영에 있어 과정적·내용적 측면의 질적 관리를 통해 공공인재개발 체계의 타당성과 효과성을 향상시키기 위한 노력을 의미한다. 조직적 차원에서 질적 우수성이라는 인사혁신 가치를 실현하고자 하는 노력은 <표 5−3>과 <표 5−4>의 지표와 문항을 바탕으로 진단 및 측정할 수 있다.

표 5-3 질적 우수성의 진단[3)]

<table>
<tr><td>진단 항목</td><td>가. 인건비 총액 대비 교육 및 훈련 예산 비중
나. 1인당 평균 공직가치 및 국정과제 교육 이수시간
다. 자기개발(학습비용, 시간 등) 지원 프로그램 운영
라. 업무관련 지식 창출 및 확산을 촉진하는 프로그램 운영
마. 공공인재개발 과정에서 질적 우수성 확보를 위한 우수활동 사례</td></tr>
<tr><td>진단 기준
(예시)</td><td>가. 인건비 총액 대비 교육 및 훈련 예산 비중(2점)
<table>
<tr><td>0.5% 미만</td><td>0.5% 이상</td><td>1% 이상</td><td>3% 이상</td><td>5% 이상</td></tr>
<tr><td>0점</td><td>0.5점</td><td>1점</td><td>1.5점</td><td>2점</td></tr>
</table>
나. 1인당 평균 공직가치 및 국정과제 교육 이수시간(2점)
<table>
<tr><td>실적 없음</td><td>5시간 미만</td><td>5시간~7시간 미만</td><td>7시간 이상</td></tr>
<tr><td>0점</td><td>0.5점</td><td>1점</td><td>2점</td></tr>
</table>
다. 자기개발(학습비용, 시간 등) 지원 프로그램 운영(1.5점)
<table>
<tr><td>없음</td><td>있음</td></tr>
<tr><td>0점</td><td>1.5점</td></tr>
</table>
라. 업무관련 지식 창출 및 확산을 촉진하는 프로그램 운영[4)](1.5점)
<table>
<tr><td>없음</td><td>있음</td></tr>
<tr><td>0점</td><td>1.5점</td></tr>
</table>
</td></tr>
</table>

3) 본서에서는 예시 차원에서 제시한 진단 지표의 실제적 활용 가능성을 높이기 위해 10점 기준으로 배점 구간을 구체적으로 제시하였다.

4) CoP, 멘토링 제도 등

마. 공공인재개발 과정에서 질적 우수성 확보를 위한 우수활동 사례(3점)

없음	미흡	보통	탁월
0점	1점	2점	3점

표 5-4 질적 우수성의 측정

번호	문항	매우 부정 ←←←←←			보통	→→→→→		매우 긍정
		매우 그렇지 않다	그렇지 않다	약간 그렇지 않다	보통이다	약간 그렇다	그렇다	매우 그렇다
1	나의 조직은 교육훈련 및 자기개발에 대한 조직 구성원들의 요구를 주기적으로 파악하고 있다.	①	②	③	④	⑤	⑥	⑦
2	교육 및 훈련 내용에는 분명한 목표들이 제시되어 있다.	①	②	③	④	⑤	⑥	⑦
3	교육 및 훈련 내용들은 나의 직무와 직접적으로 연관되어 있다.	①	②	③	④	⑤	⑥	⑦
4	조직이 나에게 제공한 교육 및 훈련은 나의 직무능력 향상에 기여하였다.	①	②	③	④	⑤	⑥	⑦
5	조직이 나에게 제공한 교육 및 훈련은 나의 노동생산성 향상에 기여하였다.	①	②	③	④	⑤	⑥	⑦
6	조직이 나에게 제공한 교육 및 훈련은 나의 만족도 및 의욕 증대에 기여하였다.	①	②	③	④	⑤	⑥	⑦
7	나는 교육 및 훈련에서 배운 내용들을 실제 업무에서 많이 사용하고 있다.	①	②	③	④	⑤	⑥	⑦
8	나는 교육 및 훈련을 받고 나서 상사나 동료들로부터 직무수행능력이 향상되었다는 이야기를 들었다.	①	②	③	④	⑤	⑥	⑦
9	나는 교육 및 훈련에서 배운 내용을 실제 업무에 적용해 보려고 시도하였다.	①	②	③	④	⑤	⑥	⑦
10	나는 교육 및 훈련에서 배운 내용들이 실제 업무에서 부딪히는 문제들을 해결하는 데 큰 도움이 되었다고 생각한다.	①	②	③	④	⑤	⑥	⑦

사례로 보는 인사혁신

포스코, 일학습병행 교육으로 실무형 인재성장 돕는다

- NCS 기반 부서별 맞춤형 교과목 편성
- 12개월 교육후 정규직 취업도 가능

포스코가 국내 대기업으로는 처음으로 취업희망자를 대상으로 업무를 하는 동시에 국가직무능력표준(NCS)에 기반한 교육을 체계적으로 실시해 실무형 인재로 성장하도록 돕는다.

포스코는 지난달 30일 포항 인재창조원에서 입과생 101명과 담당교수 등이 참석한 가운데 생산직 인턴사원 과정 입과식을 열었다. 이번 교육과정은 그동안 포스코가 운영해오던 생산직 인턴사원 교육과정에 현장의 수요를 추가 반영하고, 정부에서 시행하는 일과 학습 병행제도를 접목했다. NCS에 기반하되 부서별 직무수준에 맞게 교과목을 편성해 교육생들은 인성과 직무역량 교육을 인재창조원 집합교육(Off JT) 형태로 3개월 간, 부서에 배치된 후 OJT를 9개월 간 이어가 총 12개월의 교육 후 최종평가를 받는다. 평가결과에 따라 포스코에 정규직 신입사원으로 취업여부가 결정된다.

생산직 인턴사원 교육과정은 스펙보다 능력중심 사회를 구현하고자 하는 정부정책에 부응해 포스코가 대기업으로는 첫 도입·운영하는 대기업 단독형 일학습병행제 교육과정이다.

특히 이 과정은 직장생활에서 가장 중요한 인성교육과 현업수행의 기반이 되는 직무교육을 강화해 그 동안의 교육프로그램과 차별성을 두고 있다.

고재봉 상무보는 인턴사원들에게 "좋은 여건을 갖춘 포스코 인재창조원에서 우수한 강사진에게 교육받으며 큰 도화지에 그림을 채워 넣듯이 큰 꿈을 그려나가기를 바란다"고 당부했다.

한편 포스코는 지난 7월 중소기업을 대상으로 일학습병행제와 NCS

기반의 직무능력개발 등을 시행해 15개사 60명을 교육하는 등 큰 호응을 얻고 있으며, 지속적인 지원을 이어나갈 계획이다.

자료: 이데일리(2015.12.02)

67년만에 공무원교육의 패러다임이 전환된다 … 국가인재원 출범

67년 동안 국가공무원에 대한 교육 및 훈련을 담당했던 중앙공무원교육원이 '자기주도형 인재개발'을 기치로 국가공무원인재개발원으로 전면 개편되면서 공무원 교육의 패러다임이 전환된다.

인사혁신처는 15일 황교안 국무총리 주관으로 이근면 인사혁신처장 등이 참석한 가운데 경기 과천의 중앙공무원교육원에서 국가공무원인재개발원 현판 제막식 및 출범 기념식을 개최했다.

1949년 국립공무원훈련원으로 출발한 국가공무원 교육의 산실인 중앙공무원교육원이 단순한 교육 및 훈련에서 인재개발(HRD) 중심의 국가공무원인재개발원(이하 국가인재원)으로 개편된 것이다.

국가인재원은 이번 개편을 맞아 'GK22(22세기 위대한 대한민국)'를 이끌 국가인재개발의 허브기관으로서 △공직가치 교육 혁신 △역량개발체계 혁신 △인프라 혁신 등 3대 혁신을 중점 추진할 계획이다.

공직가치 교육 혁신과 관련해서는 공무원이 되고 싶은 사람이 아닌 소명의식을 가지고 공무원을 하고 싶은 사람을 위한 인재를 배출하기 위한 공직인재 양성을 추진한다.

이를 위해 국가인재원은 기본교육의 공직가치 교육비중을 종전 25%에서 30%로 확대하고, 선배 공무원으로부터 바람직한 DNA를 전승받는 '지도직원제'를 도입하기로 했다.

역량개발체계 혁신을 위해서는 전문역량 개발과 교육성과에 대한 평가 절차 강화를 통해 성과중심으로 교육과정을 개편하기로 했다.

역량개발체계 혁신의 구체적인 방법으로는 신임 고위공무원단 과정 및 신임 과장 과정을 신설해 5급 공무원에서 고위공무원까지 직급별 교육체계를 완성하고 공직 채용 경로다양화를 고려한 특성화된 교육을 할 계획이다.

국가인재원 옥동석 원장은 "신뢰받는 공직사회 구현을 위해 인재개발 체계를 혁신할 것"이라며 "국가공무원 인재개발 허브로서 변화와 혁신을 선도하는 공무원을 양성하는 공무원 교육의 산실이 되겠다"고 말했다.

자료: 노컷뉴스(2016.01.15)

연구로 보는 인사혁신

여성 관리자 경력개발활동 제고를 위한 가정 및 직장 구성원의 역할: 일-가정 양립의 매개효과를 중심으로

오늘날 한국 사회의 여성들은 상대적으로 남성에 비해 일과 가정에서의 두 가지 역할을 함께 수행하는 것에 많은 장애와 제약을 가지고 있다. 이것은 자연스럽게 여성들의 경력개발 및 관리에 많은 어려움을 겪게 만들고 있다. 본 연구는 여성 관리자들의 적극적인 경력개발활동을 장려할 수 있는 방안 마련에 대한 고민으로부터 시작되었다. 이를 위해, 여성 관리자가 가정 및 직장에서 가장 밀접히 상호작용하는 주체들(가족, 직속상사, 최고경영자)로부터의 지원 행태를 경력개발활동의 선행요인으로 구성하여 살펴보았다. 구체적으로는 가족 지원, 직속상사 지원, 최고경영자 지원을 주요 독립변수로 설정하고, 이러한 지원의 결과로 일-가정 양립이 가능해지고 결국 여성 관리자의 원활한 경력개발활동으로 연결될 것으로 가설을 설정하였다. 분석결과, 가족·직속상사·최고경영자 지원은 일-가정 양립을 가능하게 도와주고, 일-가정 양립은 적극적인 경력개발활동을 할 수 있도록 긍정적 영향을 미치는 것으로 확인되었다. 특히, 여성 관리자에 대한 가족의 지원은 일-가정 양립을 매개하여 경력개발활동에 긍정적인 영향을 미치는 것으로 확인되었다. 본 연구는 이러한 결과를 바탕으로 가족, 직속상사, 최고경영자의 역할이 여성 관리자의 일-가정 양립과 경력개발활동에 몹시 중요함을 확인하였고, 이를 토대로 다양한 이론적·실무적·정책적 함의를 제시하였다.

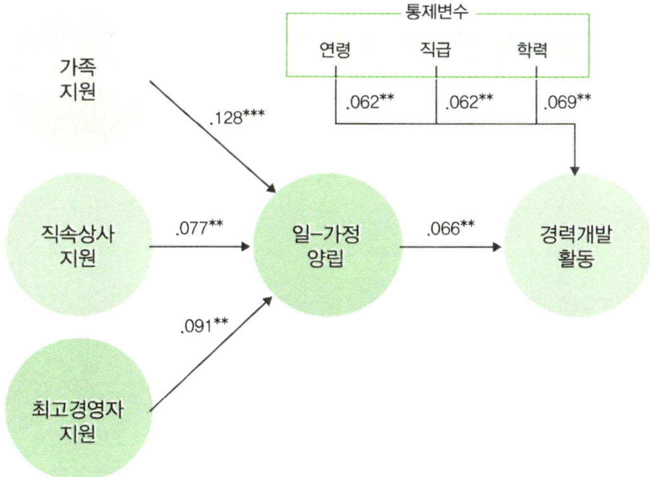

자료: 오현규·신유정·김화연(2016)

제6장

제도혁신의 발전적 차원: 우수인재활용

제6장 제도혁신의 발전적 차원: 우수인재활용

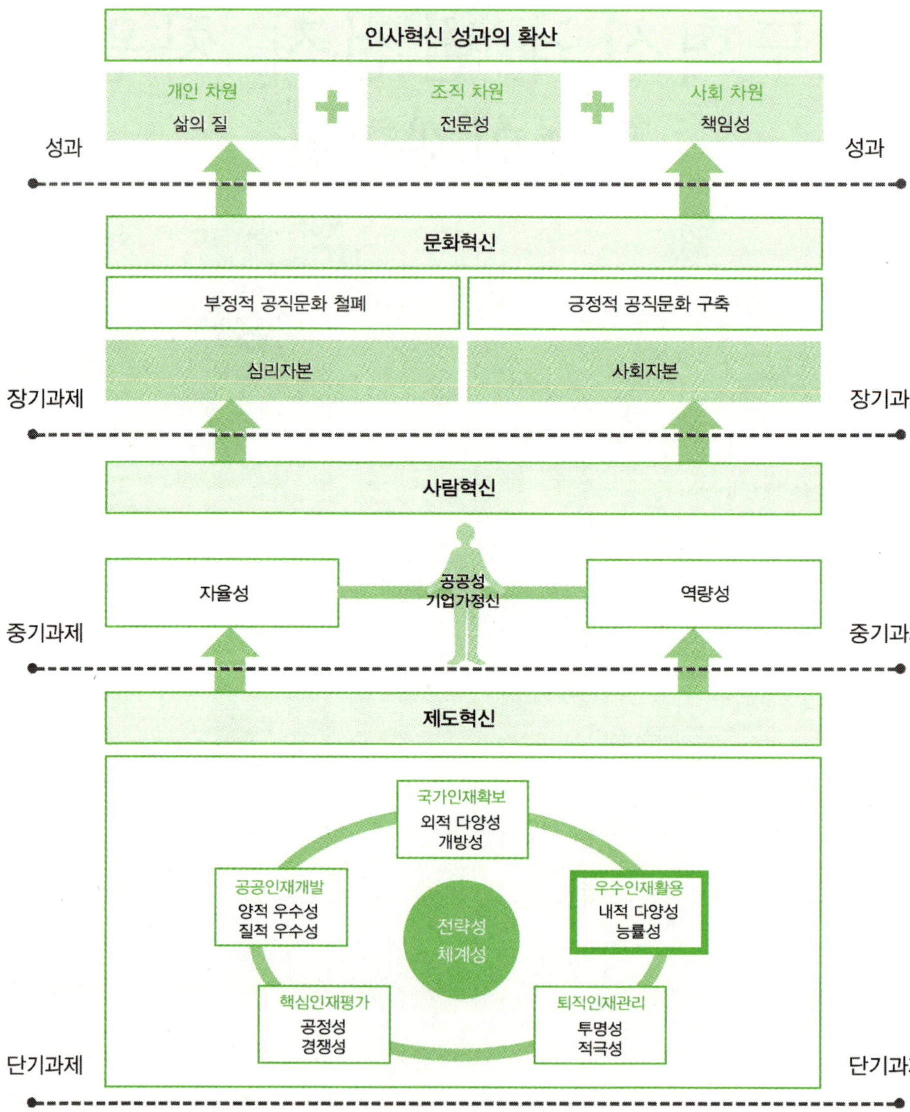

인사혁신 활동의 진단 및 측정

1. 내적 다양성의 진단 및 측정

제도혁신의 발전적 차원에서 공공 인적자원관리 프로세스 중 우수인재활용 과정에서의 핵심 인사혁신 가치로서 내적 다양성은 조직 생활과 일상 생활에 대한 통합적 관리를 바탕으로 조직 구성원들의 심리적·문화적 차이를 포용하여 삶 전반에서 즐거움을 느끼는 행복한 인재를 양성하기 위한 노력을 의미한다. 조직적 차원에서 내적 다양성이라는 인사혁신 가치를 실현하고자 하는 노력은 <표 6-1>과 <표 6-2>의 지표와 문항을 바탕으로 진단 및 측정할 수 있다.

표 6-1 내적 다양성의 진단[1)]

<table>
<tr><td>진단 항목</td><td>가. 연가 활용도
나. 유연근무제 활성도
다. 초과근무시간 감축률
라. 우수인재활용 과정에서 내적 다양성 확보를 위한 우수활동 사례</td></tr>
<tr><td>진단 기준
(예시)</td><td>가. 연가 활용도(2점)
<table>
<tr><td>9일 미만</td><td>9일 이상</td><td>10일 이상</td><td>11일 이상</td><td>12일 이상</td></tr>
<tr><td>0점</td><td>0.5점</td><td>1점</td><td>1.5점</td><td>2점</td></tr>
</table>
나. 유연근무제 활성도(3점)
<table>
<tr><td>15% 미만</td><td>15% 이상</td><td>16% 이상</td><td>17% 이상</td><td>18% 이상</td><td>20% 이상</td></tr>
<tr><td>0점</td><td>1점</td><td>1.5점</td><td>2점</td><td>2.5점</td><td>3점</td></tr>
</table>
다. 초과근무시간 감축(2점)
<table>
<tr><td>40시간 초과</td><td>40시간 이하</td><td>30시간 이하</td><td>20시간 이하</td><td>10시간 이하</td></tr>
<tr><td>0점</td><td>0.5점</td><td>1점</td><td>1.5점</td><td>2점</td></tr>
</table>
</td></tr>
</table>

1) 본서에서는 예시 차원에서 제시한 진단 지표의 실제적 활용 가능성을 높이기 위해 10점 기준으로 배점 구간을 구체적으로 제시하였다.

라. 우수인재활용 과정에서 내적 다양성 확보를 위한 우수활동 사례(3점)

없음	미흡	보통	탁월
0점	1점	2점	3점

표 6-2 내적 다양성의 측정

※ 유연근무제 인지 여부

번호	문항	그렇다	아니다
1	나는 시간제 근무 제도에 대해 알고 있다.	①	②
2	나는 시차출퇴근 제도에 대해 알고 있다.	①	②
3	나는 근무시간선택 제도에 대해 알고 있다.	①	②
4	나는 집약근무 제도에 대해 알고 있다.	①	②
5	나는 재량근무 제도에 대해 알고 있다.	①	②
6	나는 재택근무 제도에 대해 알고 있다.	①	②
7	나는 스마트워크 제도에 대해 알고 있다.	①	②

※ 유연근무제 사용 여부

번호	문항	그렇다	아니다
1	나는 지난 1년간 시간제 근무 제도를 이용한 적이 있다.	①	②
2	나는 지난 1년간 시차출퇴근 제도를 이용한 적이 있다.	①	②
3	나는 지난 1년간 근무시간선택 제도를 이용한 적이 있다.	①	②
4	나는 지난 1년간 집약근무 제도를 이용한 적이 있다.	①	②
5	나는 지난 1년간 재량근무 제도를 이용한 적이 있다.	①	②

6	나는 지난 1년간 재택근무 제도를 이용한 적이 있다.	①	②
7	나는 지난 1년간 스마트워크 제도를 이용한 적이 있다.	①	②

※ 유연근무제 만족도

번호	문항	매우 부정	←←←←		보통	→→→→		매우 긍정
		매우 그렇지 않다	그렇지 않다	약간 그렇지 않다	보통이다	약간 그렇다	그렇다	매우 그렇다
1	나는 시간제 근무 제도에 만족한다.	①	②	③	④	⑤	⑥	⑦
2	나는 시차출퇴근 제도에 만족한다.	①	②	③	④	⑤	⑥	⑦
3	나는 근무시간선택 제도에 만족한다.	①	②	③	④	⑤	⑥	⑦
4	나는 집약근무 제도에 만족한다.	①	②	③	④	⑤	⑥	⑦
5	나는 재량근무 제도에 만족한다.	①	②	③	④	⑤	⑥	⑦
6	나는 재택근무 제도에 만족한다.	①	②	③	④	⑤	⑥	⑦
7	나는 스마트워크 제도에 만족한다.	①	②	③	④	⑤	⑥	⑦

2. 능률성의 진단 및 측정

제도혁신의 발전적 차원에서 공공 인적자원관리 프로세스 중 우수인재활용 과정에서의 핵심 인사혁신 가치로서 능률성은 개인의 역량과 노력에 상응하는 직무 성과를 도출하고 조직 구성원의 역량을 행정수요에 적실하게 활용할 수 있도록 지원하는 합리적인 역량 관리 체계 구축 노력을 의미한다. 조직적 차원에서 능률성이라는 인사혁신 가치를 실현하고자 하는 노력은 <표 6-3>과 <표 6-4>의 지표와 문항을 바탕으로 진단 및 측정할 수 있다.

표 6-3 능률성의 진단[2]

<table>
<tr><td>진단 항목</td><td>가. 업무 수행 과정상의 어려움 및 개선방안을 논의할 수 있는 시스템 구축
나. 전문직위 발굴 및 지정 노력
다. 통섭형 인재와 전문가형 인재를 구분하여 경력개발 계획 수립
라. Y자형 경력개발 제도 운영
마. 필수보직기간 준수율
바. 우수인재활용 과정에서 능률성 확보를 위한 우수활동 사례</td></tr>
<tr><td>진단 기준
(예시)</td><td>가. 업무 수행 과정상의 어려움 및 개선방안을 논의할 수 있는 시스템 구축(1점)
<table><tr><td>없음</td><td>있음</td></tr><tr><td>0점</td><td>1점</td></tr></table>
나. 전문직위 발굴 및 지정 노력(1점)
<table><tr><td>전년 대비 동일</td><td>전년 대비 향상</td></tr><tr><td>0점</td><td>1점</td></tr></table>
다. 통섭형 인재와 전문가형 인재를 구분하여 경력개발 계획 수립(1점)
<table><tr><td>구분 없음</td><td>구분 있음</td></tr><tr><td>0점</td><td>1점</td></tr></table>
라. Y자형 경력개발 제도 운영(2점)
<table><tr><td>없음</td><td>있음</td></tr><tr><td>0점</td><td>2점</td></tr></table>
마. 필수보직기간 준수율(2점)
<table><tr><td>40% 미만</td><td>40% 이상</td><td>50% 이상</td><td>60% 이상</td><td>70% 이상</td></tr><tr><td>0점</td><td>0.5점</td><td>1점</td><td>1.5점</td><td>2점</td></tr></table>
바. 우수인재활용 과정에서 능률성 확보를 위한 우수활동 사례(3점)
<table><tr><td>없음</td><td>미흡</td><td>보통</td><td>탁월</td></tr><tr><td>0점</td><td>0.5점</td><td>1.5점</td><td>2.5점</td></tr></table>
</td></tr>
</table>

2) 본서에서는 예시 차원에서 제시한 진단 지표의 실제적 활용 가능성을 높이기 위해 10점 기준으로 배점 구간을 구체적으로 제시하였다.

표 6-4 능률성의 측정

번호	문항	매우 부정 ←←←←←			보통	→→→→→		매우 긍정
		매우 그렇지 않다	그렇지 않다	약간 그렇지 않다	보통이다	약간 그렇다	그렇다	매우 그렇다
1	조직이 추구하는 가치관과 내가 추구하는 가치관이 잘 맞는다.	①	②	③	④	⑤	⑥	⑦
2	내가 추구하는 가치는 기관 구성원의 가치와 잘 맞는다.	①	②	③	④	⑤	⑥	⑦
3	내 성격은 조직의 성격과 잘 맞는다.	①	②	③	④	⑤	⑥	⑦
4	내가 추구하는 목표는 기관이 추구하는 목표와 비슷하다.	①	②	③	④	⑤	⑥	⑦
5	나의 기관은 내가 필요로 하는 것을 충족시킨다.	①	②	③	④	⑤	⑥	⑦
6	전체적으로 나와 기관은 잘 맞는다.	①	②	③	④	⑤	⑥	⑦
7	나는 직무수행에 필요한 지식, 기술 및 능력을 갖고 있다.	①	②	③	④	⑤	⑥	⑦
8	내 능력은 직무가 요구하는 바에 잘 맞는다.	①	②	③	④	⑤	⑥	⑦
9	나는 현재 수행하고 있는 직무에 잘 맞는다.	①	②	③	④	⑤	⑥	⑦
10	내가 현재 수행하고 있는 직무는 내가 원하는 직무이다.	①	②	③	④	⑤	⑥	⑦
11	내가 직무를 통하여 추구하는 것과 현재 직무가 제공하는 바는 잘 맞는다.	①	②	③	④	⑤	⑥	⑦
12	현재 직무는 나와 잘 맞는다.	①	②	③	④	⑤	⑥	⑦

사례로 보는 인사혁신

'삶과 일의 균형' … 제니퍼소프트의 개발문화

자의든 타의든 야근에 시달리고 주말에도 코드와 씨름하는 날이 다반사인 삶은 개발자라면 피할 수 없는 숙명일까? 좋은 복지로도 유명한 국내 애플리케이션성능관리(APM) 소프트웨어(SW) 전문 업체 제니퍼소프트 개발자들을 보면 꼭 그렇지만은 않은 것 같다.

제니퍼의 모든 직원들이 하루 7시간, 주 35시간을 일한다. 출퇴근 시간은 따로 정해져 있지 않다. 휴가도 자유롭다. 한달, 보름씩 장기휴가를 내는 것도 가능하다. 물론 개발자들에게도 이 룰은 적용된다.

그렇다고 개발자들의 할 일이 적은 것도 아니다. 11명의 연구개발(R&D) 인력이 국내외 900여개 고객사에서 들어오는 요청을 처리하고 있다. 최근 만난 제니퍼 이현철 최고 전략 책임자(CSO)와 홍철의 R&D팀 팀장은 '행복한 개발자'를 만드는 조직문화에 비법이 있다고 입을 모았다. 제니퍼 개발자들이 어떻게 일하고 있는지 이들의 얘기를 들어봤다.

■ 삶과 일이 균형을 이뤘을 때 나타나는 효과들

제니퍼는 삶과 일의 균형을 중요하게 생각하는 조직문화를 가지고 있다. 일터에서는 물론 가정에서도 행복해야 결과적으로 직원의 업무 생산성이 높아지고 회사에도 득이 된다는 생각이다.

홍철의 팀장은 개발자들도 마찬가지로 삶과 일이 균형을 이뤘을 때 생산력이 높아진다고 강조했다. 개발자는 창의력과 집중력이 요구되는 직업인데, 집이나 개인적인 고민을 최대한 줄여줄 수 있는 환경을 만들어 주는 게 도움이 된다는 설명이다.

"누군가는 아침에 아이를 어린이집에 맡기고 출근하려면 9시까지 못 나올 수도 있어요. 이런 문제가 해결되지 못하면 회사에 와서도 그 일을 걱정하게 되고 업무에 집중을 할 수가 없죠. 가정에서의 평화가 회사에서 창의력과 집중력을 높이는데 반드시 도움이 되고 또 회사에서 즐겁게 일하면 퇴근길이 가볍고 가정에서의 평화로 이어집니다. 그래서 삶과 일의 균형을 중요하다고 하는 것입니다. 널리 알려진 제니퍼의 화려한 복지는 이러한 선순환의 촉진제로서 동작합니다."

자유로운 출퇴근 제도나 재택근무 같이 자율성을 강조하는 제니퍼 문화는 직원들이 삶과 일의 균형을 맞출 수 있게 도와주는 장치들이다.

홍 팀장은 "정해진 시간에 근무하게 하는 것이 아니라 자신이 집중할 수 있는 시간에 일을 하게 하고, 재택근무도 허용하고 있다"며 "창의력과 집중력은 자율에서 나오는 것이기에 제니퍼는 구성원들에게 최대한의 자유를 제공하고 있다"고 설명했다.

자료: ZDNet Korea(2015.05.07)

공무원 5년 이상 재직하면 '1년 무급휴직' 가능

앞으로 5년 이상 재직한 공무원은 자기계발을 위해 1년 동안 무급 휴직을 할 수 있게 된다. 또 공무원이 정직이나 강등 처분을 받으면 최대 3개월의 정직 기간과 강등 처분 이후 직무가 정지되는 기간의 급여를 받지 못하게 된다.

인사혁신처와 행정자치부는 21일 이같은 내용을 담고 있는 '공무원임용령 개정안'과 '공무원·지방공무원 보수·수당규정 개정안', '공직자윤리법 시행령 개정안'이 국무회의를 통과했다고 밝혔다.

공무원임용령 개정안에 따르면 인사처는 오는 25일부터 5년 이상 재직한 공무원이 직무 관련 연구과제를 수행하거나 학습 또는 연구 등을 위해 최대 1년 동안 무급 휴직을 할 수 있는 '자기개발 휴직' 제도를 도입한다. 공무원이 자기개발 계획서를 제출하면 각 기관에서 계획을 심사해 휴직을 결정하게 된다. 개정안은 또 승진심사 대상을 현행 최대 7배수에서 최대 10배수까지 늘리기로 했다. 기존에는 1명의 결원이 생기면 승진심사 대상이 7명이었지만, 앞으로는 10명까지 확대되는 셈이다.

인사처는 특히 인사적체를 해소하기 위해 12년 이상 재직한 7급 공무원의 경우 결원이 없어도 심사를 통해 승진할 수 있는 범위를 성적 상위 20%에서 30%로 확대했다.

이밖에 중동호흡기증후군(메르스) 등 국가적인 감염병에 효과적으로 대응하기 위해 '방역직류'를 신설하기로 했다. 국가공무원과 지방공무원의 보수·수당 규정 개정안에 따르면 앞으로는 공무원이 정직이나 강등 처분을 받아 일을 하지 않는 기간에는 일절 급여를 지급하지 않기로 했다. 정직 기간은 최대 3개월이고, 강등 처분을 받으면 첫 3개월 동안 직무가 정지된다. 기존에는 정직이나 강등 처분을 받아 일을 하지 않는 기간 급여의 3분의 2를 삭감했다. 또 지금까지는 공무원이 휴직을 하면 그 순간부터 성과연봉을 감액했지만, 앞으로는 전년도 업무 성과에 대해서는 성과급을 받을 수 있도록 했다.

교육파견으로 1년에 2개월 미만 근무를 한 공무원에 대해서도 교육성적 등을 고려해 성과급을 지급할 수 있도록 했다. 공직자윤리법시행령 개정안은 고위 공직자의 경우 백지신탁한 주식이 매각되기 전까지 해당 주식을 발행한 기업과 관련된 수사·검사, 인·허가, 조세부과·징수, 공사·물품의 계약 등의 직무와 이를 지휘·감독하는 직무에 관여할 수 없도록 규정했다. 또 백지신탁한 주식이 모두 처분되면 1주일 내에 관할 공직자윤리위원회에 통보하고, 공직자윤리위원회는 처분 사실을 1개월 내에 관보에 공개하도록 했다.

이밖에 한국철도시설공단과 한국무역보험공사의 2급 이상 임직원까지 재산신고를 의무화해 직무수행의 청렴성과 공정성을 높였다.

자료: 연합뉴스(2016.06.21)

연구로 보는 인사혁신

'일과 삶 균형' 정책과 정책 부합성이 조직효과성에 미치는 영향에 관한 연구: 공공조직과 민간조직 비교를 중심으로

본 연구는 효율적 인적자원관리의 실행과 유지에 있어서 '일과 삶 균형(WLB: Work-Life Balance)' 정책의 중요성을 이론적·실증적 접근방식으로 규명하고자 하였다. 특히 본 연구에서는 WLB 정책을 유연근무제, 친가족정책, 개인신상지원 프로그램 등 3가지 차원으로 구분하여 제시하였으며, 분석대상을 공공조직과 민간조직으로 구분하여 기존 연구와의 차별화를 도모하였다. 연구모형 개발과 가설검증을 위해 제3차 여성가족패널(KLoWF) 자료를 바탕으로 WLB 정책과 정책 부합성, 직무만족도, 이직의도 간의 관계를 분석하였으며, 설문조사를 통한 양적 분석의 한계를 보완하기 위하여 공공조직 및 민간조직 여성 근로자와의 심층 인터뷰를 통한 질적 분석을 병행하였다. 분석결과, WLB 정책과 조직 효과성 간의 관계에 있어 공공조직과 민간조직 간의 유의미한 차이가 있음을 확인할 수 있었으며 심층 인터뷰를 통해 이러한 결과가 공공조직과 민간조직의 상호 이질적인 조직 문화, 제도, 구조적 특성에 기인하고 각 영역 구성

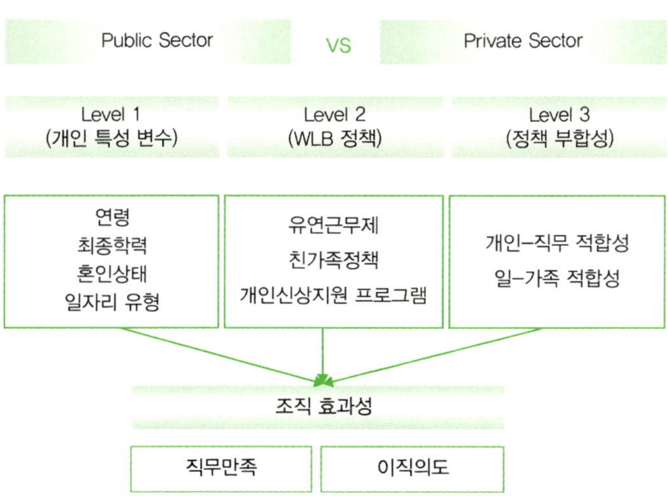

원들의 서로 다른 욕구 및 동기 유발 체계에 의한 것임을 발견할 수 있었다. 이러한 분석결과를 바탕으로 본 연구에서는 각각의 조직 특성에 맞는 수요자 친화형 WLB 정책 구축의 필요성을 제안하고, WLB 정책 시행 측면의 문제점 및 개선방안 등을 제시하였다.

자료: 김선아 · 김민영 · 김민정 · 박성민(2013)

제7장

제도혁신의 발전적 차원: 핵심인재평가

제7장 제도혁신의 발전적 차원: 핵심인재평가

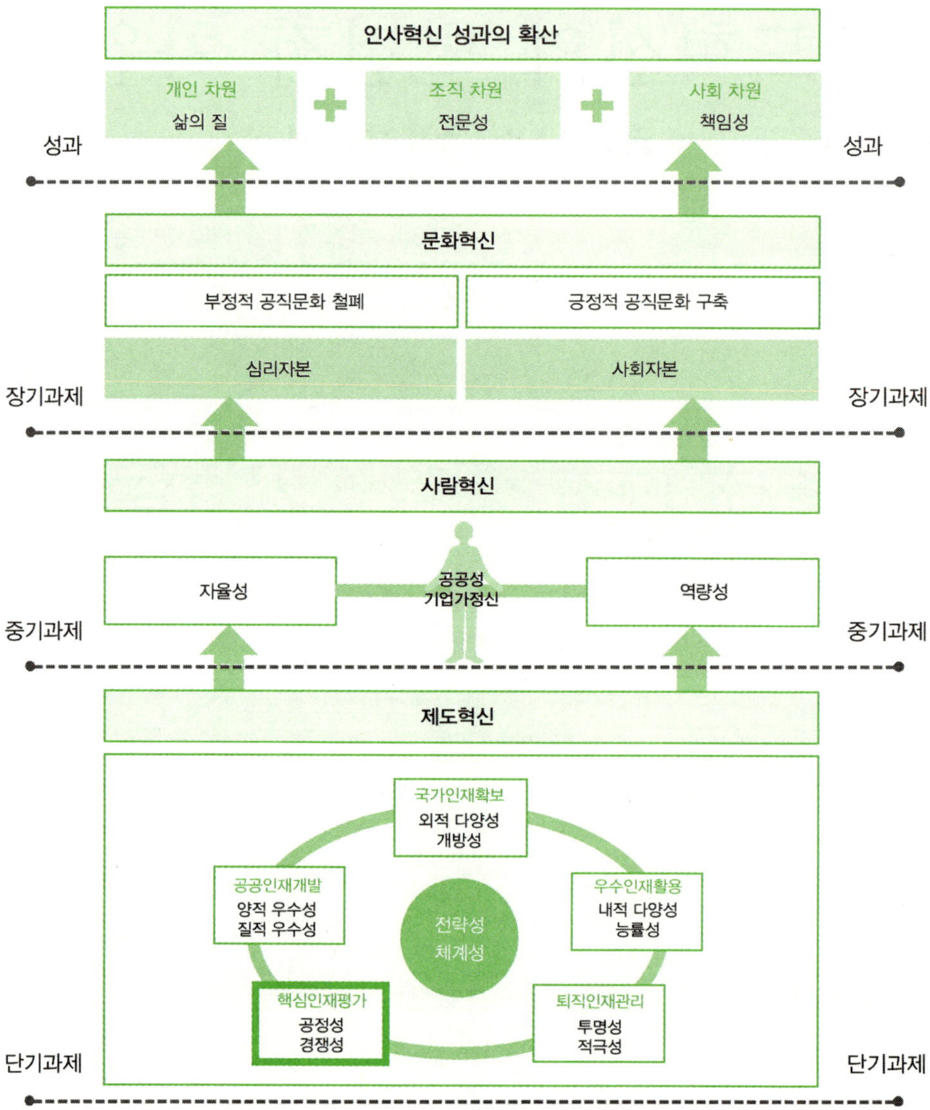

인사혁신 활동의 진단 및 측정

1. 공정성의 진단 및 측정

제도혁신의 발전적 차원에서 공공 인적자원관리 프로세스 중 핵심인재평가 과정에서의 핵심 인사혁신 가치로서 공정성은 평가 체계의 도구적·내용적 타당성 확보를 통해 조직 구성원들의 노력과 실적을 정확히 평가하고 이에 합당한 보상이 이루어질 수 있도록 지원하기 위한 노력을 의미한다. 조직적 차원에서 공정성이라는 인사혁신 가치를 실현하고자 하는 노력은 <표 7-1>과 <표 7-2>의 지표와 문항을 바탕으로 진단 및 측정할 수 있다.

표 7-1 공정성의 진단[1)]

<table>
<tr><td>진단 항목</td><td colspan="4">가. 기관별 성과향상 계획 수립 여부
나. 파견자 성과평가 우수비율
다. 성과평가 공정성 지수
라. 핵심인재평가 과정에서 공정성 확보를 위한 우수활동 사례</td></tr>
<tr><td rowspan="12">진단 기준
(예시)</td><td colspan="4">가. 기관별 성과향상 계획 수립 여부(2점)</td></tr>
<tr><td colspan="2">미수립</td><td colspan="2">수립</td></tr>
<tr><td colspan="2">0점</td><td colspan="2">1점</td></tr>
<tr><td colspan="4">나. 파견자 성과평가 우수비율(2점)</td></tr>
<tr><td>5% 미만</td><td>5% 이상</td><td colspan="2">10% 이상</td></tr>
<tr><td>0점</td><td>1점</td><td colspan="2">2점</td></tr>
<tr><td colspan="4">다. 성과평가 공정성 지수(3점)</td></tr>
<tr><td>0.25 이상</td><td>0.2~0.25 미만</td><td>0.14~0.2 미만</td><td>0.15 미만</td></tr>
<tr><td>0점</td><td>1점</td><td>2점</td><td>3점</td></tr>
<tr><td colspan="4">라. 핵심인재평가 과정에서 공정성 확보를 위한 우수활동 사례(3점)</td></tr>
<tr><td>없음</td><td>미흡</td><td>보통</td><td>탁월</td></tr>
<tr><td>0점</td><td>1점</td><td>2점</td><td>3점</td></tr>
</table>

1) 본서에서는 예시 차원에서 제시한 진단 지표의 실제적 활용 가능성을 높이기 위해 10점 기준으로 배점 구간을 구체적으로 제시하였다.

표 7-2 공정성의 측정

<table>
<tr><th rowspan="2">번호</th><th rowspan="2">문항</th><th colspan="7">매우 부정 ←←←←← 보통 →→→→→ 매우 긍정</th></tr>
<tr><th>매우 그렇지 않다</th><th>그렇지 않다</th><th>약간 그렇지 않다</th><th>보통 이다</th><th>약간 그렇다</th><th>그렇다</th><th>매우 그렇다</th></tr>
<tr><td>1</td><td>우리 기관의 인사고과 기준은 명확하게 설정되어 있다.</td><td>①</td><td>②</td><td>③</td><td>④</td><td>⑤</td><td>⑥</td><td>⑦</td></tr>
<tr><td>2</td><td>우리 기관의 인사고과 절차 및 과정은 투명하다.</td><td>①</td><td>②</td><td>③</td><td>④</td><td>⑤</td><td>⑥</td><td>⑦</td></tr>
<tr><td>3</td><td>우리 기관은 인사고과를 위해 객관적이고 정확한 정보를 사용한다.</td><td>①</td><td>②</td><td>③</td><td>④</td><td>⑤</td><td>⑥</td><td>⑦</td></tr>
<tr><td>4</td><td>우리 기관은 공정한 인사고과를 위해 성과 평가 담당자에 대한 교육훈련을 실시하고 있다.</td><td>①</td><td>②</td><td>③</td><td>④</td><td>⑤</td><td>⑥</td><td>⑦</td></tr>
<tr><td>5</td><td>우리 기관에서는 인사고과 결과에 대한 이의 제기 절차가 존재한다.</td><td>①</td><td>②</td><td>③</td><td>④</td><td>⑤</td><td>⑥</td><td>⑦</td></tr>
<tr><td>6</td><td>우리 기관에서는 인사고과 결과에 대해 이의를 제기할 경우 이를 경청하고 피드백을 준다.</td><td>①</td><td>②</td><td>③</td><td>④</td><td>⑤</td><td>⑥</td><td>⑦</td></tr>
<tr><td>7</td><td>성과 평가에 있어, 나의 평가자는 반기별 1회 이상(연 2회 이상) 성과 면담을 충실히 수행한다.</td><td>①</td><td>②</td><td>③</td><td>④</td><td>⑤</td><td>⑥</td><td>⑦</td></tr>
<tr><td>8</td><td>성과 평가에 있어, 나의 평가자는 성과 면담 절차, 방법을 잘 숙지하고 있다.</td><td>①</td><td>②</td><td>③</td><td>④</td><td>⑤</td><td>⑥</td><td>⑦</td></tr>
<tr><td>9</td><td>성과 평가에 있어, 나의 평가자는 충분한 시간을 할애하여 나의 의견을 경청하고 피드백을 준다.</td><td>①</td><td>②</td><td>③</td><td>④</td><td>⑤</td><td>⑥</td><td>⑦</td></tr>
<tr><td>10</td><td>성과 평가에 있어, 성과 면담시 상호 교환한 의견이 실제 평가 결과에 반영된다고 생각한다.</td><td>①</td><td>②</td><td>③</td><td>④</td><td>⑤</td><td>⑥</td><td>⑦</td></tr>
<tr><td>11</td><td>성과 면담이 평가 결과에 대한 신뢰성과 수용성을 높이는 데 도움을 준다고 생각한다.</td><td>①</td><td>②</td><td>③</td><td>④</td><td>⑤</td><td>⑥</td><td>⑦</td></tr>
<tr><td>12</td><td>성과 면담을 통해 나눈 의견은 나의 업무능력과 직무수행 태도 향상에 도움이 된다.</td><td>①</td><td>②</td><td>③</td><td>④</td><td>⑤</td><td>⑥</td><td>⑦</td></tr>
</table>

2. 경쟁성의 진단 및 측정

제도혁신의 발전적 차원에서 공공 인적자원관리 프로세스 중 핵심인재평가 과정에서의 핵심 인사혁신 가치로서 경쟁성은 온정주의, 연공서열, 보직우선 관행 등을 탈피하고 직무 성과 중심의 핵심인재평가체계의 운영을 통해 공공 인적자원관리 체계에 실적주의와 성과주의 문화를 확립하기 위한 노력을 의미한다. 조직적 차원에서 공정성이라는 인사혁신 가치를 실현하고자 하는 노력은 <표 7-3>과 <표 7-4>의 지표와 문항을 바탕으로 진단 및 측정할 수 있다.

표 7-3 경쟁성의 진단[2]

진단 항목	
	가. 성과우수자에 대한 특별승진 적용 규모 나. 총 인건비 예산 중 성과와 연동하여 지급된 성과급 비율 다. 성과평가 관대화 지수 라. 핵심인재평가 과정에서 경쟁성 확보를 위한 우수활동 사례

진단 기준 (예시)

가. 성과우수자에 대한 특별승진 적용 규모(2점)

3% 미만	3% 이상	4% 이상	5% 이상
0점	1점	1.5점	2점

나. 총 인건비 예산 중 성과와 연동하여 지급된 성과급 비율(2점)

2% 미만	2% 이상	3% 이상	4% 이상	5% 이상
0점	0.5점	1점	1.5점	2점

다. 성과평가 관대화 지수(3점)

90점 이상	87점~90점 미만	85점~87점 미만	85점 미만
0점	1점	2점	3점

라. 핵심인재평가 과정에서 경쟁성 확보를 위한 우수활동 사례(3점)

없음	미흡	보통	탁월
0점	1점	2점	3점

2) 본서에서는 예시 차원에서 제시한 진단 지표의 실제적 활용 가능성을 높이기 위해 10점 기준으로 배점 구간을 구체적으로 제시하였다.

표 7-4 경쟁성의 측정

번호	문항	매우 부정 ←←←←←			보통	→→→→→		매우 긍정
		매우 그렇지 않다	그렇지 않다	약간 그렇지 않다	보통이다	약간 그렇다	그렇다	매우 그렇다
1	우리 기관에서는 인사고과에 있어 학연, 지연, 혈연 등이 영향을 미치지 않는다.	①	②	③	④	⑤	⑥	⑦
2	우리 기관에서는 인사고과에 있어 연공서열이 영향을 미치지 않는다.	①	②	③	④	⑤	⑥	⑦
3	우리 기관에서는 성과평가에 있어 학연, 지연, 혈연 등이 영향을 미치지 않는다.	①	②	③	④	⑤	⑥	⑦
4	우리 기관에서는 성과평가에 있어 연공서열이 영향을 미치지 않는다.	①	②	③	④	⑤	⑥	⑦
5	우리 기관에서는 개별 인센티브 규모 결정에 있어 학연, 지연, 혈연 등이 영향을 미치지 않는다.	①	②	③	④	⑤	⑥	⑦
6	우리 기관에서는 개별 인센티브 규모 결정에 있어 연공서열이 영향을 미치지 않는다.	①	②	③	④	⑤	⑥	⑦
7	우리 기관의 보상제도는 구성원 간 직무의 차이를 잘 반영하고 있다.	①	②	③	④	⑤	⑥	⑦
8	우리 기관의 보상제도는 구성원 간 숙련의 차이를 잘 반영하고 있다.	①	②	③	④	⑤	⑥	⑦
9	우리 기관의 보상제도는 구성원 간 업무능력의 차이를 잘 반영하고 있다.	①	②	③	④	⑤	⑥	⑦
10	우리 기관의 보상제도는 구성원 간 성과의 차이를 잘 반영하고 있다.	①	②	③	④	⑤	⑥	⑦

사례로 보는 인사혁신

미국 제너럴일렉트릭(GE)의 인사평가제도와 국내 CJ의 Fast track제도

■ 미국 제너럴일렉트릭(GE)의 인사평가

미국 제너럴일렉트릭은 기존 일 년에 한 번 하는 인사평가를 연중 상시 평가로 전환하고 기존의 상대평가제를 개인별 절대평가로 전환함으로써 조직원들의 평가제도를 개혁하고자 하였다. 이러한 움직임으로 직원들을 상위 20%(두뇌집단), 중간 70%(중간집단), 하위 10%(꼬리집단)로 구분하여, 상위 20%는 적극지원하며, 중간 70%는 참여를 유도하였으며, 실적 하위 10%는 정리해고 하는 등 임금과 대우를 차별화하였으나, 하위 10%룰을 폐지하기로 하였다. 수시평가제의 경우 직원별 목표 달성 과정을 수시로 점검하고, 개선점과 새로운 목표를 제시한 뒤 달성 여부를 실시간으로 평가하는 방식으로 리더와 조직원 간 빈번한 대화를 통해 평가가 이루어짐으로써 평가에 대한 신뢰를 향상시킬 수 있으며, 평가과정을 어플리케이션과 온라인 등의 활용을 통해 인사평가에 걸리는 시간과 비용을 감소시키고자 하였다. 또한 개인별 절대평가를 통한 임금 차등제는 도입하나 서열은 구분하지 않았다.

GE 인사시스템 어떻게 바뀌나

구분	기존방식	새로운 방식
평가주기	1년 1회	연중 상시 평가
평가방식	상대평가 상위(10%)–두뇌집단: 적극 지원 증위(70%)–중간집단: 참여 유도 하위(10%)–꼬리집단: 정리 해고	개인별 절대평가
평가방법	연초 목표 설정→연말 성과 평가	목표설정→진행상황 점검→개선점 제시 및 새로운 목표 제시→실시간 성과평가
평가채널	서면+면담	서면+면담+자체 앱+온라인 채팅 등

자료: 한국경제(2015.08.20)

■ CJ, 신입사원→임원 승진연한 10년으로 줄인다

내년부터 CJ그룹에 입사하는 신입사원들은 빠르면 10년 만에 임원이 될 수 있다. CJ그룹은 대졸 신입사원이 임원으로 승진하는데 필요한 직급별 진급 체류 연한(승진 연한)을 기존 20년에서 최단 10년으로 줄이는 '패스트 트랙(FAST TRACK)' 승진 제도를 내년부터 시행한다고 26일 밝혔다.

현재 적용하고 있는 승진 연한은 '4년(G3:사원)-4년(G4:대리)-4년(G5:과장)-4년(G6:부장)-4년(G7:선임부장)'이다. 이 연한을 직급별로 최소 2년으로 줄인다는 것이다.

이에 따라 CJ에 30대 중반의 젊은 임원이 나올 수 있게 됐다.

인사팀 관계자는 "상위 직급을 수행할 역량과 잠재력을 갖춘 인재는 승진심사위원회를 통해 발탁 승진한다"면서 "사업 성장 속도나 인력 수요에 따라 계열사별로 탄력적으로 운영된다"고 말했다.

이번 조기 승진제도 도입은 기업문화를 선도적으로 만들어 가라는 이재현 CJ그룹 회장의 지시에 따른 것이다.

이 회장은 "역량 있는 젊은 인재를 조기에 발굴해 맘껏 실력을 펼칠 수 있도록 해주는 것이 일류 기업의 문화"라면서 "연공서열 중심의 틀에서 벗어나 '성과와 능력을 발휘한 인재가 인정 받는 CJ'를 만들어야 한다"고 강조한 바 있다.

CJ는 아울러 올해 1500명의 대졸 신입사원을 채용할 예정이다. 회사 관계자는 "승진 제도의 과감한 변화를 통해 그룹의 젊고 역동적인 이미지가 다른 대기업들과 비교해 더욱 차별화 될 것"이라면서 "우수한 젊은 인재를 유인하는 채용경쟁력도 크게 높아질 전망"이라고 말했다.

자료: 한국경제(2012.06.26)

[흔들리는 공무원] 일 잘하는 공무원 대우 받는 세상 돼야

"일 잘하는 공무원 대우 받는 세상 돼야"
"접시 안 닦고 안 깨뜨린 사람이 먼저 승진해선 안돼"

"우리 팀이 16명인데, 우리가 고생하면 우리나라 국민 5000만 명이 행복해진다는 생각으로 일하고 있습니다."

통계청 등록센서스과의 하봉채 과장은 공무원으로서 통계청에서 근무하는 것이 자랑스럽다고 했다. 그는 올 초 인구주택 총 조사 방식을 90년 만에 획기적으로 바꾼 공로를 인정받아 대한민국 공무원상을 받았다. 각 가구를 방문해서 현장에서 조사하던 방식을 각종 행정자료를 연계해서 생산하는 방식으로 전환한 것이다.

덕분에 예산은 적게 쓰고도 정확성은 높아졌다. 그는 "우리가 제대로 된 통계를 만들어야 제대로 된 정책이 나올 수 있다는 생각으로 일하고 있다"며 "온 국민이 더 행복해지도록 정확한 통계를 만드는 게 공무원으로서 할 일"이라고 말했다.

최근 공직을 떠나는 공무원들이 늘고 있지만 대다수 공무원들은 아직도 사명감을 갖고 묵묵히 맡은 업무에 최선을 다하고 있다. 공무원 시험을 준비 중인 예비 공무원들도 안정적인 일자리를 찾기 위해 공무원이 되고 싶어하기보다는 좀 더 좋은 사회를 만들기 위해 공무원이 되려는 경우가 많았다. 전문가들은 공무원들의 사기가 떨어지지 않도록 열심히 일하는 공무원들이 대우 받는 분위기가 조성돼야 한다고 지적했다.

■ 사명감·자부심으로 일하는 공무원들

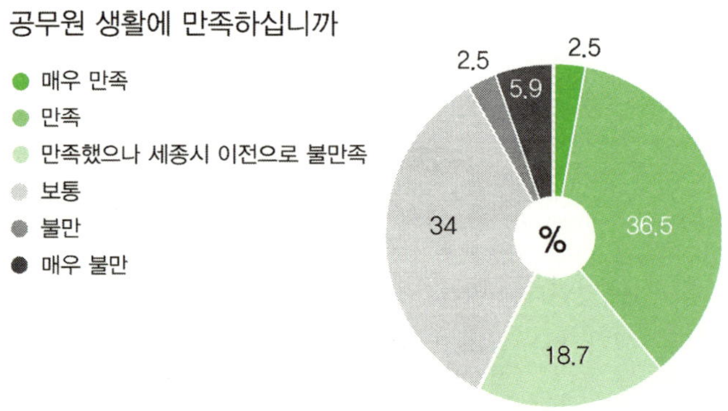

정부부처가 세종시로 이전하고 나서 공직 생활에 불만을 느끼는 공무원이 늘었지만 아직은 공무원 생활에 만족하는 공무원이 더 많은 것으로 나타났다. 공무원들은 공무원 생활을 만족스러워 하는 가장 큰 이유로 '정책을 만든다는 자부심'을 꼽았다.

조선비즈가 세종시로 내려온 14개 부처, 203명의 5급 이상 공무원을 대상으로 설문조사한 결과 공무원 생활을 만족하느냐는 질문에 39%가 '만족한다'고 답했다. '불만족'이라는 응답은 전체의 27.1%였고 이 중 18.7%는 '만족이었으나 세종시 이전으로 불만족'이라고 답했다. 공무원 생활에 만족하는 이유로는 '국가 정책을 만든다는 자부심'이 61.1%로 과반 이상을 차지했고 안정적인 일자리와 사회적 지위는 각각 24.1%, 3.9%였다.

공무원 시험을 준비 중인 사람들은 더 좋은 나라를 만들거나 취약 계층을 돕기 위해 공무원이 되고 싶다고 한 경우가 많았다. 행정고시 시험을 준비하는 김지은(23·가명)씨는 "요즘 살기가 어려워서 기사를 보면 이민 가고 싶다는 댓글이 많은데 누군가는 남아서 지킬 필요가 있고, 떠나는 사람들이 다시 돌아오고 싶은 나라를 만들 사람도 있어야 한다고 생각한다"며 "그래서 공무원이 되고 싶다"고 했다.

행시를 준비하는 김명석(26·가명)씨도 "취약 계층을 상대로 봉사활동을 한 적이 있었는데 개인의 힘으로는 사회 곳곳에 있는 모든 취약 계층을 도와주는 데 한계가 있다는 것을 느꼈다"며 "수백, 수천만 명에게 도움이 되는 정책을 만드는 공무원이 매력적인 직업이라고 느꼈다"고 말했다.

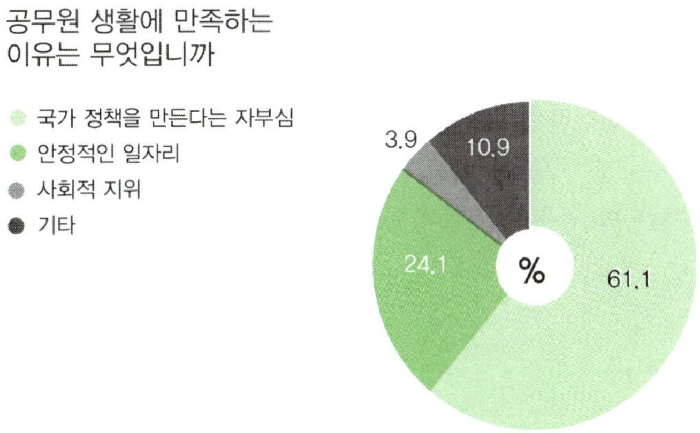

■ "접시 안 닦고 안 깨뜨린 사람이 먼저 승진해선 안 돼"

전문가들은 공무원들의 사기가 떨어지면 정책의 정교함이 떨어지고 눈에 보이지 않는 손실이 생겨 국가적으로도 큰 손해라고 지적했다. 또 공무원들이 복지부동(伏地不動)하지 않도록 열심히 일하는 공무원들이 대우 받는 분위기를 조성해야 한다고 강조했다.

김태윤 한양대 교수는 "공무원들은 여러 이익 집단의 이해관계를 조정하는 일을 맡아서 하는데 내부 활력이 떨어지면 이런 업무를 잘 하기 어려워진다"며 "이해관계를 섬세하게 조정하지 못하면 당장 눈에는 안 보이지만 문제가 터지고 나면 걷잡을 수 없게 된다"고 말했다. 공무원들이 어떤 마음가짐으로 업무를 하느냐에 따라 결과물이 크게 달라진다는 것이다.

그는 또 "공무원 사기가 떨어지고 퇴로가 막히면 비리가 즉각 생기진 않지만 다른 궁리를 하게 될 가능성이 크다"고 했다. 공무원의 재취업 길을 엄격하게 제한하면 공무원으로 재직하는 기간에 쓸 데 없는 기관을 만들거나 민간 전문가들의 공직 진입을 제한하는 식으로 공무원들이 살 길을 만들 수 있다는 말이다.

이창원 한성대 교수는 일 잘하는 공무원들이 대우 받는 세상이 돼야 한다고 말했다. 그는 “공직사회에서 유행하는 얘기가 ‘접시론’인데 열 번 잘 닦다가 한번 깨뜨린 사람보다 아예 접시를 안 닦고 안 깨뜨린 사람이 더 빨리 승진하게 되면 아무도 접시를 안 닦으려고 한다”며 “한번 실수했다고 승진에서 누락시키는 일이 없도록 하고 일을 열심히 하려다 실수한 경우는 위법한 게 아니라면 불이익을 받지 않도록 해야 한다”고 지적했다. 그는 또 “무난한 것보다 일을 열심히 잘 하는 공무원이 대우 받는 세상이 오면 공무원의 복지부동은 어느 정도 줄어들 것”이라고 덧붙였다.

자료: 조선비즈(2015.08.19)

연구로 보는 인사혁신

한국 비영리조직의 성과평가체계 개선방안에 관한 연구: 성과평가와 메타평가의 타당성 검증을 중심으로

본 연구는 비영리조직을 평가하는 기존의 평가체계가 비영리조직이 가지고 있는 고유한 특성을 반영하지 못하고 있다는 문제의식에서 출발하여 비영리조직의 성과평가체계를 개선할 수 있는 방안에 대하여 모색하고자 하였다. 비영리조직의 성과평가체계를 구체화하기 위해서 비영리조직 성과평가체계를 크게 성과평가(사업평가, 회계평가, 인사·조직평가)와 메타평가(평가투입평가, 평가실시과정평가, 평가효과평가)로 구분하였다. 비영리조직은 조직의 특성에 따라 서비스 NPO, 역량배양 NPO, 권한강화 NPO로 유형화하였고 분석방법은 계층적 의사결정분석, 집단 간 차이 검증, 심층 인터뷰 등을 활용하였다.

분석결과, 비영리조직의 유형과 관계없이 성과평가에서는 사업평가가, 메타평가에서는 평가효과평가가 가장 중요한 것으로 나타났으며 높은 가중치가 부여되었다. 성과평가와 메타평가의 세부지표는 각 비영리조직 유형별로 미묘하게 차이가 있었으나 유의미하지는 않았다. 집단 간 차이 검증을 통해서도 비영리조직 유형별 차이는 크지 않다는 결과를 확인할 수 있었다. 이는 비영리조직 유형에 따라 성과를 무엇으로 볼 것인지에 대한 차이나 각 조직유형별 특징을 반영하는 형태, 정성적 평가 시행 시 내용상의 차이 등에 대한 일정정도의 고려가 있다면 비영리조직의 성과평가 수행에 있어 핵심적인 평가지표들은 거의 동일하게 적용할 수 있다는 것을 의미한다. 본 연구를 통해 비영리조직의 미션 중심적이고 가치중심적인 특성이 비영리조직 유형과 관계없이 일반화 되고 있음을 확인하였고 이를 바탕으로 이론적, 실무적 함의와 향후 연구 방향을 제시하였다.

자료: 김민정·박성민(2014)

제8장

제도혁신의 발전적 차원: 퇴직인재관리

제8장 제도혁신의 발전적 차원: 퇴직인재관리

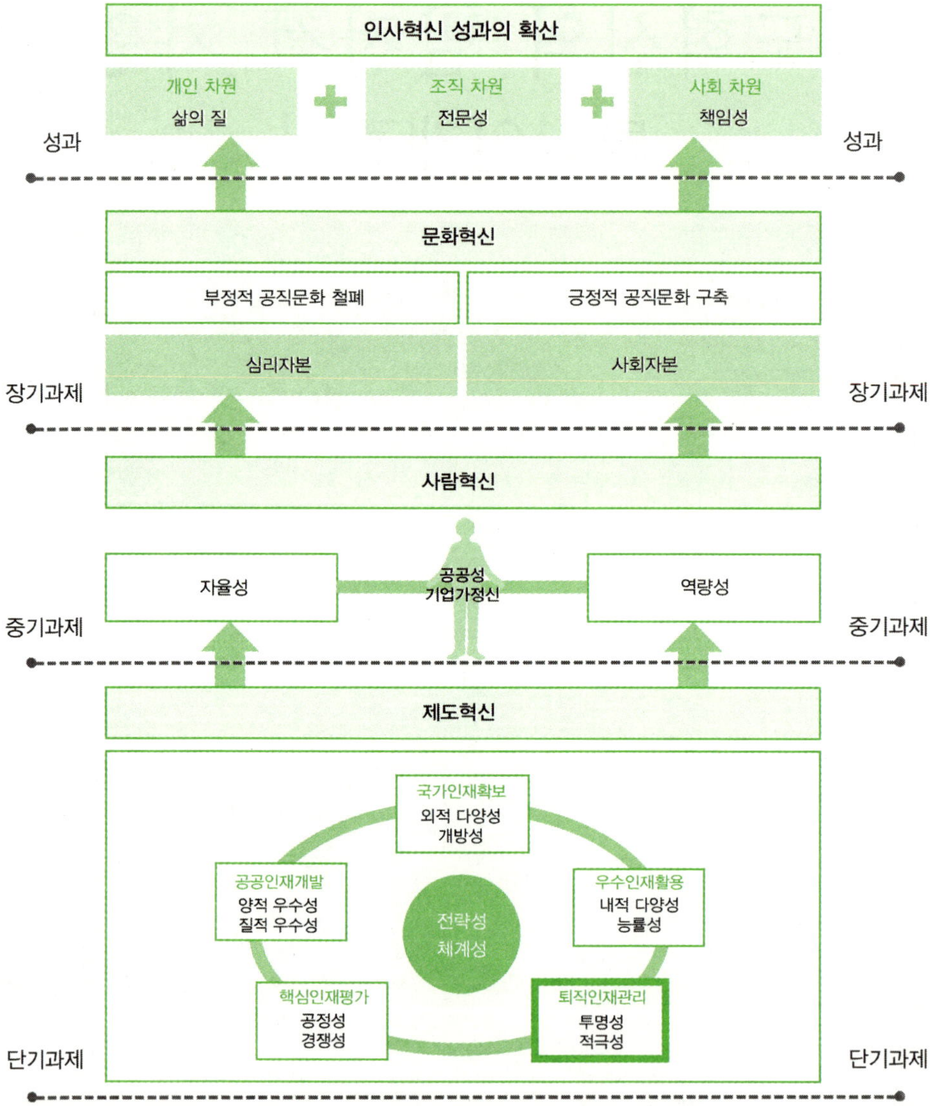

인사혁신 활동의 진단 및 측정

1. 투명성의 진단 및 측정

제도혁신의 발전적 차원에서 공공 인적자원관리 프로세스 중 퇴직인재관리 과정에서의 핵심 인사혁신 가치로서 투명성은 퇴직공무원의 재취업에서 발생하는 비윤리적 행태를 근절하기 위해 구체적이고 명확한 취업심사 기준을 마련하여 이를 교육하고 위반사항을 철저하게 관리하고자 하는 노력을 의미한다. 조직적 차원에서 투명성이라는 인사혁신 가치를 실현하고자 하는 노력은 <표 8-1>과 <표 8-2>의 지표와 문항을 바탕으로 진단 및 측정할 수 있다.

표 8-1 투명성의 진단[1)]

<table>
<tr><td>진단 항목</td><td>가. 취업 자가 진단 시스템 구축
나. 퇴직자 중 취업 부적격 판단
다. 퇴직자 중 임의 취업 적발
라. 퇴직인재관리 과정에서 투명성 확보를 위한 우수 활동 사례</td></tr>
<tr><td>진단 기준
(예시)</td><td>가. 취업 자가 진단 시스템 구축(3점)
<table><tr><td>없음</td><td>있음</td></tr><tr><td>0점</td><td>3점</td></tr></table>
나. 퇴직자 중 취업 부적격 판단 경험(2점)
<table><tr><td>있음</td><td>없음</td></tr><tr><td>0점</td><td>2점</td></tr></table>
다. 퇴직자 중 임의 취업 적발(2점)
<table><tr><td>있음</td><td>없음</td></tr><tr><td>0점</td><td>2점</td></tr></table>
라. 퇴직인재관리 과정에서 투명성 확보를 위한 우수 활동 사례(3점)
<table><tr><td>없음</td><td>미흡</td><td>보통</td><td>탁월</td></tr><tr><td>0점</td><td>1점</td><td>2점</td><td>3점</td></tr></table>
</td></tr>
</table>

1) 본서에서는 예시 차원에서 제시한 진단 지표의 실제적 활용 가능성을 높이기 위해 10점 기준으로 배점 구간을 구체적으로 제시하였다.

표 8-2 투명성의 측정

<table>
<tr><th rowspan="2">번호</th><th rowspan="2">문항</th><th colspan="7">매우 부정 ←←←←← 보통 →→→→→ 매우 긍정</th></tr>
<tr><th>매우 그렇지 않다</th><th>그렇지 않다</th><th>약간 그렇지 않다</th><th>보통 이다</th><th>약간 그렇다</th><th>그렇다</th><th>매우 그렇다</th></tr>
<tr><td>1</td><td>우리 기관의 구성원들은 퇴직 이후 재취업 등에 있어 공직자윤리법 등에 영향을 많이 받는다.</td><td>①</td><td>②</td><td>③</td><td>④</td><td>⑤</td><td>⑥</td><td>⑦</td></tr>
<tr><td>2</td><td>우리 기관은 퇴직 이후 재취업에 대한 내부적 관리·감독이 철저하다.</td><td>①</td><td>②</td><td>③</td><td>④</td><td>⑤</td><td>⑥</td><td>⑦</td></tr>
<tr><td>3</td><td>우리 기관은 퇴직자 재취업을 위한 취업 자가 진단 시스템을 제공한다.</td><td>①</td><td>②</td><td>③</td><td>④</td><td>⑤</td><td>⑥</td><td>⑦</td></tr>
<tr><td>4</td><td>우리 기관은 재취업 과정에서 부정적 행태를 근절하기 위해 관련 교육을 실시하고 있다.</td><td>①</td><td>②</td><td>③</td><td>④</td><td>⑤</td><td>⑥</td><td>⑦</td></tr>
</table>

2. 적극성의 진단 및 측정

제도혁신의 발전적 차원에서 공공 인적자원관리 프로세스 중 퇴직인재관리 과정에서의 핵심 인사혁신 가치로서 적극성은 퇴직공무원의 역량이 사회적 차원에서 활발히 활용될 수 있도록 지원함으로써 은퇴 이후 개인의 사회적·경제적 삶의 질을 보장하고 사회의 안정적 성장을 가능케 하는 노력을 의미한다. 조직적 차원에서 적극성이라는 인사혁신 가치를 실현하고자 하는 노력은 <표 8-3>과 <표 8-4>의 지표와 문항을 바탕으로 진단 및 측정할 수 있다.

표 8-3 적극성의 진단2)

<table>
<tr><td>진단 항목</td><td>가. 퇴직 관리 지원 전담 조직 및 인력 유무
나. 퇴직 준비를 위한 지원프로그램(상담, 사회공헌프로그램 등) 운영 여부
다. 개인의 경력개발제도에서 퇴직 이후 삶에 대한 내용 포함 여부
라. 퇴직인재관리 과정에서 투명성 확보를 위한 우수 활동 사례</td></tr>
<tr><td>진단 기준
(예시)</td><td>가. 퇴직 관리 지원 전담 조직 및 인력 유무(2점)
<table><tr><td>없음</td><td>있음</td></tr><tr><td>0점</td><td>2점</td></tr></table>
나. 퇴직 준비를 위한 지원프로그램(상담, 사회공헌프로그램 등) 운영 여부(2점)
<table><tr><td>있음</td><td>없음</td></tr><tr><td>0점</td><td>2점</td></tr></table>
다. 개인의 경력개발제도에서 퇴직 이후 삶에 대한 내용 포함 여부(3점)
<table><tr><td>있음</td><td>없음</td></tr><tr><td>0점</td><td>3점</td></tr></table>
라. 퇴직인재관리 과정에서 투명성 확보를 위한 우수 활동 사례(3점)
<table><tr><td>없음</td><td>미흡</td><td>보통</td><td>탁월</td></tr><tr><td>0점</td><td>1점</td><td>2점</td><td>3점</td></tr></table>
</td></tr>
</table>

표 8-4 적극성의 측정

<table>
<tr><td rowspan="2">번호</td><td rowspan="2">문항</td><td colspan="7">매우 부정 ←←←←← 보통 →→→→→ 매우 긍정</td></tr>
<tr><td>매우 그렇지 않다</td><td>그렇지 않다</td><td>약간 그렇지 않다</td><td>보통이다</td><td>약간 그렇다</td><td>그렇다</td><td>매우 그렇다</td></tr>
<tr><td>1</td><td>우리 기관은 구성원들에게 퇴직 이후 재취업에 대한 정보를 적극적으로 제공하고 있다.</td><td>①</td><td>②</td><td>③</td><td>④</td><td>⑤</td><td>⑥</td><td>⑦</td></tr>
</table>

2) 본서에서는 예시 차원에서 제시한 진단 지표의 실제적 활용 가능성을 높이기 위해 10점 기준으로 배점 구간을 구체적으로 제시하였다.

2	우리 기관은 구성원들이 퇴직 이후 공직에서의 경험을 충분히 활용할 수 있도록 도와준다.	①	②	③	④	⑤	⑥	⑦
3	우리 기관은 구성원들의 퇴직 이후 삶까지 포함하여 경력개발제도를 운영하고 있다.	①	②	③	④	⑤	⑥	⑦
4	우리 기관은 구성원들이 퇴직 이후의 삶을 준비할수 있도록 관련 교육을 실시하고 있다.	①	②	③	④	⑤	⑥	⑦

사례로 보는 인사혁신

'구관이 명관' … 퇴직자 재고용하는 은행들

퇴직한 은행원들을 재고용하는 은행들이 늘고 있다. 오랜 영업 노하우와 실무 경험들을 후배 직원들에게 전수하고 인적네트워크를 활용한다는 차원에서 퇴직 은행원들을 다시 고용하고 있다.

3일 금융계에 따르면 농협, 하나, 외환, 경남, 부산은행과 우리금융지주(11,900원▲ 0.00%) 등이 퇴직 직원 재고용에 활발히 나서고 있다.

은행권의 이같은 움직임은 퇴직자가 이미 업무에 대해 숙달돼 있어 인력 운용에 대한 부담이 낮다는 데 있다. 또 퇴직직원들의 재고용이라는 사회 기능적 측면에서도 긍정적인 평가를 받고 있어 은행들은 재고용인원을 늘리겠다는 입장이다.

농협은행은 최근 금융사고 예방을 위한 내부통제강화 차원에서 은행 퇴직자 173명을 신규 채용했다. '순회감시지'로 불리는 이들 퇴직 은행원은 2~3개 영업점에 대한 감사 및 영업 모니터링 활동을 담당한다. 계약기간은 6개월로 최장 2년 동안 근무가 가능하다.

농협은행 관계자는 "7월부터 신규 채용자를 포함해 약 1100개 영업점에 353명을 배치했다"며 "앞으로 순회감사제도를 전국 영업점으로 확대해 나가는 동시에 일자리 재창출의 일환으로 퇴직자 채용도 점차 늘려나갈 방침"이라고 말했다.

하나은행은 퇴직자 중 역량 있는 직원을 다시 고용해 해외지점에 파견하는 등 퇴직자 재고용 프로그램을 지난 3월부터 가동했다. 현재 퇴직자 22명을 재고용해 현장에 배치했다. 하나은행은 내부 감사 외에도 특기에 따라 다양한 분야로 배치한다는 점에서 다른 은행과 차별된다.

경남은행은 지난 2011년 11명의 퇴직직원을 재고용하기 시작해 지난해는 9명, 올해에는 4명이 은행에 다시 발을 들였다. 이들은 영업점 모니터링과 자정감사, 여신관리 및 신용조사, 서민금융 지원 등 영업점의 업무를 지원하는 역할을 맡는다.

부산은행은 지난 4일 퇴직 지점장 가운데 10명을 '감사 전담역' 계약직으로 다시 고용했다. 올해 모두 32명의 퇴직자들을 고용할 계획이다.

외환은행은 올해 퇴직자 중 중소기업글로벌자문센터 자문역에 4명, 세일즈서포터즈에 8명, 희망금융플라자(서민금융) 상담역에 2명 등을 채용했다. 다른 은행 직원들도 채용해 눈길을 끈다.

우리금융은 우리은행 퇴직지점장 47명을 재고용했다. 최근 출범한 우리카드를 비롯해 우리저축은행과 우리파이낸셜 등 계열사 영업력 강화를 위해서다. 우리파이낸셜에 20명, 우리카드에 18명, 우리저축은행에 9명을 배치했다.

자료: 조선비즈(2013.07.03)

[흔들리는 공무원] 재취업길 막히고 연금은 줄고

취업 제한율 올 초 31.2%로 높아져…열악해 지는 처우
연금 수만~수십만원 감소, 민간과 보수 격차 더 벌어져

행정고시 22회에 합격해 약 30년간 공직생활을 한 A씨는 2011년에 공직을 그만두고 국책기관이 주주로 있는 한 기업의 대표이사로 자리를 옮겼다. 거기서 약 3년간 대표이사 생활을 하다가 작년 말에 한 회계법인 부회장으로 재취업했다. 행정고시 23회로 2011년에 공직을 그만둔 B씨도 산하 금융공기업으로 자리를 옮긴 뒤 3년 임기를 채우고 1년쯤 쉬다가 올 초 다른 금융기관으로 이직했다.

과거 대다수의 고위 공무원들은 이처럼 퇴직 후 민간 기업으로 이직하는 경우가 많았다. 공무원 월급이 민간보다 적어도 퇴직 후 민간 기업이나 공공 기관으로 재취업하면 높은 연봉을 받을 수 있다는 기대 때문에 참고 버티는 사람도 있었다. 그러나 작년에 세월호 사고가 터지고 관피아(관료와 마피아의 합성어) 논란이 불거지면서 관료들의 재취업이 어려

워졌고 공무원들의 사기는 크게 떨어졌다.

■ 재취업 어려워지고 민간과 보수 격차는 더 벌어져

재취업길 막히고 연금은 줄고 지난해 퇴직 공직자의 취업 제한율은 평균 19.6%였다. 퇴직 공직자들은 재취업을 할 때 정부공직자윤리위원회의 심사를 받아야 하는데 10명 중 8명만 취업이 됐다는 말이다. 이 비율은 올해 초에 31.2%로 뛰었다. 관피아 논란이 일면서 낙하산 인사에 대한 검증이 강화됐기 때문이다.

또 올 3월부터는 공직유관단체와 비영리분야 기관 및 단체가 취업제한 기관으로 포함됐고 취업제한 기간도 퇴직 후 2년에서 3년으로 늘었다. 2급 이상 고위 공무원은 과거엔 소속 '부서'의 업무와 관련된 기업에만 재취업이 금지됐지만 이제는 부서와 상관 없이 소속 '기관'의 업무 전체와 관련된 기업에 취업할 수 없게 됐다. 세제와 예산, 공공기관 업무 등을 총괄하는 기획재정부나 상장사 공시업무, 금융 및 자본시장 업무, 회계 업무 등을 맡은 금융위원회 고위 공무원들은 퇴직 후에 사실상 민간 기업에 재취업을 하기가 불가능해졌다.

중앙부처에서 과장을 하다가 올 초 민간으로 옮긴 C씨는 "공무원 처우가 안 좋아도 우리 선배들은 민간으로 나가는 방법 등으로 보상을 받았는데 지금은 그런 보상이 없어졌기 때문에 이직을 하고 싶다는 말이 많이 나온다"며 "능력 없는 사람의 낙하산 인사는 막아야지만 무조건 색안경을 끼고 공무원을 바라보는 것도 문제"라고 말했다.

공무원과 민간의 보수 격차는 과거보다 더 벌어졌다. 행정고시에 합격한 5급 사무관은 첫 달에 218만 5400원(세전 기준)을 기본급으로 받는다. 9급 공무원의 첫 달 기본급은 128만 2800원이다. 여기서 세금을 떼면 실수령액은 더 줄어든다. 상여금, 시간 외 근무수당을 추가로 받긴 하지만 민간 기업과 비교하면 여전히 적은 금액이다. 2004년 95.9%였던 공무원 보수의 민간임금 접근률은 꾸준히 하락해 지난해에는 84.3%를 기록했다.

공무원들은 민간 부문과의 임금 격차가 확대되는 것을 가장 큰 불만 요인으로 꼽기도 했다. 조선비즈가 세종시로 이전한 14개 부처, 203명의 공무원에게 '세종시로 이전한 것과 관계 없이 공무원이 된 걸 후회한 적이 있다면 이유가 무엇인가'라고 물어본 결과 53명, 26.1%가 '경제적 측면, 민간과의 격차 확대'를 꼽았다.

공무원 연금 개혁으로 앞으로 받게 될 연금도 줄어들게 됐다. 지난 5월 29일 국회를 통과한 공무원 연금 개혁안에 따르면 연금 타는 나이는 60세에서 65세로 늦어지고 보험료는 늘어나는 대신 연금액은 매월 수만~수십만원씩 감소한다.

■ 세종시 이전으로 경제적 부담까지 늘어

재취업길 막히고 연금은 줄고 세종시로 이전한 부처의 공무원 중 젊은 사람들은 아예 세종시로 내려온 경우가 많다. 하지만 과장급 이상 공무원들은 상당수가 자녀 교육, 아내 직장 등 다양한 이유로 기존 거주지에서 출퇴근을 하고 있다. 기존 거주지에서 출퇴근 하는 공무원 중 일부는 세종시에 원룸이나 오피스텔을 얻어 생활하는 탓에 경제적인 부담도 늘었다.

14개 부처, 203명의 공무원 중 세종시로 모든 가족이 이주한 비율은 39.9%였고 세종시로 본인만 이주한 비율은 41.9%였다. 전체의 7.4%는 기존 거주지에서 매일 출퇴근을 한다고 답했다. 기존 거주지에서 출퇴근하면서 가끔씩 공무원 임시 숙소를 이용하는 한 중앙부처 국장은 "세종시로 이사하고 싶은 마음이 굴뚝같은데 가족들이 모두 반대해 매일 출퇴근을 하고 있다"며 "하루에 4시간 이상 버스에 시달리다 보면 정말 죽을 맛"이라고 푸념했다.

부처가 세종시로 이전하면서 경제적인 부담이 줄었다는 비율은 15.3%에 불과했고 66%는 부담이 늘어난 것으로 조사됐다. 주거비 등으로 한 달에 30만~50만원을 더 쓴다는 응답이 전체의 22.7%였고 50만~70만원이 13.3%였다. 70만원에서 100만원을 더 쓰게 됐다는 비율도 8.4%였고 100만원 이상 증가한 비율도 3.4%에 달했다.

주중에는 세종시에 마련한 오피스텔에서 생활하고 주말에만 서울로 올라간다는 한 부처의 과장은 "아무리 안 쓴다고 해도 기본적으로 두 집 살림이다 보니 자잘하게 돈이 많이 들어간다"며 "아내가 '얼마나 번다고 두 집 살림을 하느냐. 집에 가져다 주는 게 뭐냐'고 타박할 때마다 기운이 빠진다"고 말했다.

부처가 세종시로 오면서 업무 비효율은 더 늘었다. 기획재정부의 한 국장은 "올 초에 일주일에 2~3번 회의 때문에 서울로 올라가는데 부처 내에서는 출장을 많이 가는 편에 들지도 못 한다"며 "해야 할 일은 과천에 있을 때랑 비슷한데 출장 때문에 늘 시간에 쫓기다 보니 스트레스는 더 늘었다"고 말했다.

자료: 조선비즈(2015.08.18)

연구로 보는 인사혁신

확장된 퇴직관리 관점에서 퇴직공직자 재취업 문제에 관한 정책방안 연구

본 연구는 공무원의 퇴직관리의 관점에서 현행 퇴직공직자 재취업문제(일명 관피아)의 문제점을 분석하고 그 해결방안을 모색하고자 하였다. 퇴직공직자 재취업 문제는 우리의 직업공무원제의 연공서열 관행과 맞물려 있기 때문에 단순히 재취업 금지 혹은 제한만으로는 완전히 해결할 수 없다. 오히려 지나친 규제는 유능한 조기퇴직 공직자들의 능력 발휘의 기회를 빼앗거나, 다른 영역에서 비정상적인 형태의 부작용을 낳을 수 있다. 그런 점에서 퇴직공지가 재취업문제는 소극적인 차원의 퇴직공직자 취업제한과 함께 적극적인 차원에서의 퇴직공직자에 대한 퇴직지원이 균형적으로 보완되어야 한다. 본 연구는 이러한 관점에서 퇴직공무원의 이해충돌을 막으면서도 역효과를 최소화할 수 있는 합리적인 '퇴직공직자 재취업제한제도'와 생애주기적 경력관리의 일환으로써 퇴직 전후에 제공되는 '퇴직지원프로그램'을 포괄하는 '확장된' 퇴직관리체계 구축을 제안한다. 본 연구는 분석결과를 바탕으로 다음과 같은 정책적 함의를 제시하였다. 첫째, 재취업 제한대상이 되는 기관의 특성이나 적용대상의 특성(예: 직급 등)에 따라 적용상의 유연성이 확보될 필요가 있다. 둘째, 현재 만연하고 있는 조기퇴직 관행을 제거할 필요가 있다. 하지만 이것은 많은 시간을 요하는 것이므로 퇴직전 업무와 연계된 정부 내 재취업이 우선 활성화될 필요가 있다. 셋째, 공직자의 전생애적 경력관리와 퇴직관리가 연계될 필요가 있다. 여기에서는 4급 이상 퇴직자와 5급 이하 퇴직자의 특징이나 욕구가 확연히 차이가 나므로 이에 대한 고려가 반드시 필요하다. 넷째, 앞으로 퇴직공직자의 욕구를 진단·분석하여 이에 부합하는 '맞춤형' 퇴직지원프로그램이 수립될 필요가 있다. 이를 위해 전담기구 설치 등이 적극적으로 고려되어야 한다.

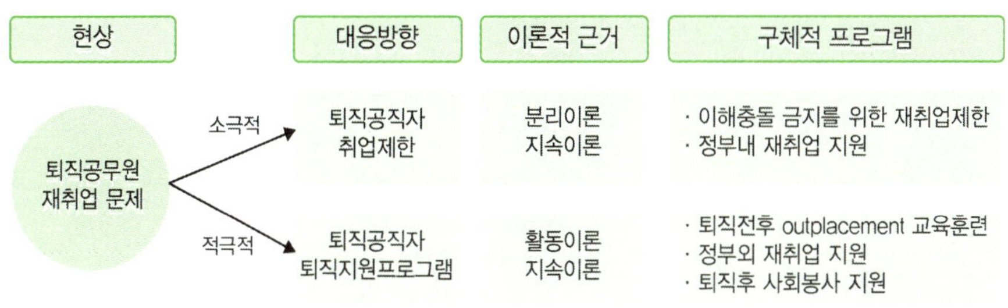

자료: 최무현(2015)

지방자치단체 공직자의 퇴직관리 효율성 확보방안

한국은 매년 약 3만여 명 이상의 공무원이 퇴직하고 있다. 인간의 평균 수명이 늘어나고 해마다 적지 않은 수의 공무원이 퇴직하고 있는 상황에서 공무원 퇴직관리가 여전히 미흡한 것이 현실이다. 이에 본 연구는 고령화·저출산 시대를 맞이하여 지방자치단체의 공무원의 퇴직관리, 특히 퇴직공직자의 풍부한 경험과 지혜를 사회에 공헌할 수 있도록 하는 방안을 모색하고자 하였다. 이를 위해 본 연구는 퇴직의 의의와 퇴직관리의 필요성을 고찰하고, 외국 정부의 퇴직관리 동향 및 우리나라 공무원 퇴직관리제도의 현황 및 실태분석을 통해 퇴직공직자 취업제한제도 등 공무원 낙하산 인사, 공직 부패 등 공직개혁 차원의 문제를 분석하였다. 분석을 토대로 본 연구에서는 공직자 퇴직관리의 문제점에 따른 퇴직관리 제도설계의 방향성, 공직자의 취업제한제도 재설계 방안 및 퇴직공무원의 퇴직관리 효율화 방안 등을 제시하였다.

자료: 권경득·이주호(2015)

제 3 편

인사혁신의 중기 과제: 사람혁신

제9장

사람혁신의 토대적 차원

제9장 사람혁신의 토대적 차원

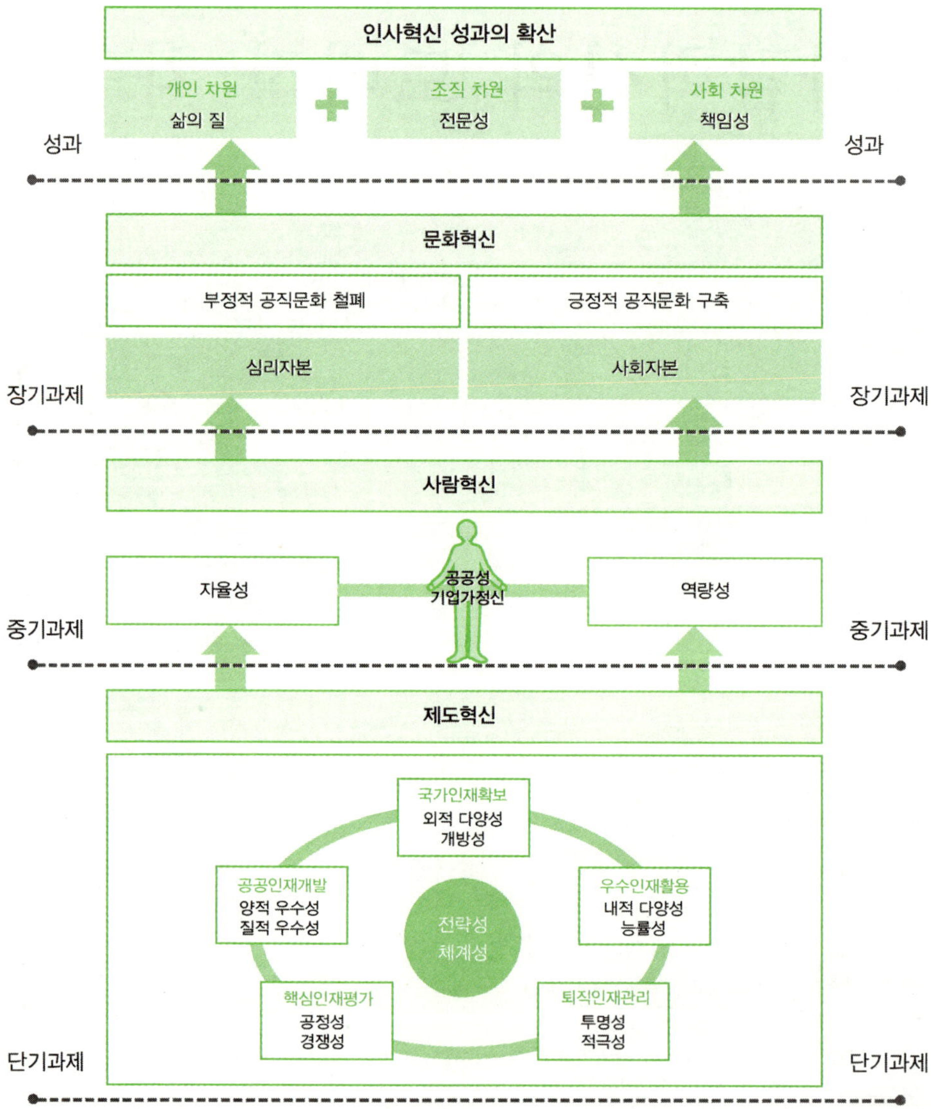

인사혁신 활동의 진단 및 측정

1. 공공성의 진단 및 측정

사람혁신의 토대적 차원에서 핵심 인사혁신 가치로서 공공성은 공익 실현의 실질적 주체인 공무원에게 자신들의 존재 목적인 공공 가치와 이를 달성하는 데 있어 요구되는 행태적·정서적 규범인 공공 윤리를 내재화하고 이의 적극적 실천을 위해 공공 봉사 동기를 강화해 나가고자 하는 노력을 의미한다. 조직적 차원에서 공공 가치, 공공 윤리, 공공 봉사 동기 등 공공성이라는 인사혁신 가치를 실현하고자 하는 노력은 <표 9-1>에서 <표 9-6>의 지표와 문항을 바탕으로 진단 및 측정할 수 있다.

표 9-1 공공 가치의 진단[1]

<table>
<tr><td>진단 항목</td><td>가. 기관의 특성을 반영한 공직자 가치상의 정립 및 명시화
나. 국가관 및 공직관 함양을 위한 자체 교육 프로그램 운영
다. 공공 가치 내재화를 위한 우수 활동 사례</td></tr>
<tr><td>진단 기준
(예시)</td><td>가. 기관의 특성을 반영한 공직자 가치상의 정립 및 명시화(4점)
<table><tr><td>없음</td><td>있음</td></tr><tr><td>0점</td><td>4점</td></tr></table>
나. 국가관 및 공직관 함양을 위한 자체 교육 프로그램 운영(3점)
<table><tr><td>없음</td><td>있음</td></tr><tr><td>0점</td><td>3점</td></tr></table>
다. 공공 가치 내재화를 위한 우수 활동 사례(3점)
<table><tr><td>없음</td><td>미흡</td><td>보통</td><td>탁월</td></tr><tr><td>0점</td><td>1점</td><td>2점</td><td>3점</td></tr></table>
</td></tr>
</table>

1) 본서에서는 예시 차원에서 제시한 진단 지표의 실제적 활용 가능성을 높이기 위해 10점 기준으로 배점 구간을 구체적으로 제시하였다.

표 9-2 공공 가치의 측정[2)]

번호	문항	매우 부정 ←←←←←			보통		→→→→→	매우 긍정
		매우 그렇지 않다	그렇지 않다	약간 그렇지 않다	보통이다	약간 그렇다	그렇다	매우 그렇다
1	[국가관: 애국심] 나는 대한민국의 헌법과 법률을 준수하고 국가와 국기에 담긴 정신과 의미를 수호한다.	①	②	③	④	⑤	⑥	⑦
2	[국가관: 민주성] 나는 국민이 자유롭게 참여하고 의견을 이야기 할 수 있도록 하여 공개행정을 실천한다.	①	②	③	④	⑤	⑥	⑦
3	[국가관: 다양성] 나는 글로벌 시대의 다양한 생각과 문화를 존중하고 인류의 평화와 공영에 기여한다.	①	②	③	④	⑤	⑥	⑦
4	[공직관: 책임감] 나는 맡은 업무에 대하여 높은 수준의 전문성을 유지하며 어떠한 압력에도 굴하지 않고 소신있게 처리한다.	①	②	③	④	⑤	⑥	⑦
5	[공직관: 투명성] 나는 국민의 알 권리를 존중하며, 공공정보를 적극적으로 개방하고 공유한다.	①	②	③	④	⑤	⑥	⑦
6	[공직관: 공정성] 나는 모든 업무를 신중히 검토하고 행정절차에 따라 공정하게 처리한다.	①	②	③	④	⑤	⑥	⑦
7	[윤리관: 청렴성] 나는 공직자의 청렴이 국민신뢰의 기본임을 이해한다.	①	②	③	④	⑤	⑥	⑦
8	[윤리관: 도덕성] 나는 준법정신을 생활화하고 공중도덕을 준수한다.	①	②	③	④	⑤	⑥	⑦
9	[윤리관: 공익성] 나는 봉사활동과 기부 등을 통해 생활 속에서 국민에 대한 봉사자로서의 역할을 다한다.	①	②	③	④	⑤	⑥	⑦

2) 해당 내용은 인사혁신처가 제시한 공직가치별 행동준칙 내용을 토대로 작성하였다.

표 9-3 공공 윤리의 진단[3)]

<table>
<tr><td>진단 항목</td><td>가. 비윤리적 행태 적발 건수
나. 기관의 특성을 반영한 자체 윤리 규범의 마련
다. 윤리의식 함양을 위한 자체 교육 프로그램의 운영
라. 공직 윤리 강화를 위한 우수 활동 사례</td></tr>
<tr><td>진단 기준
(예시)</td><td>가. 비윤리적 행태 적발 건수(1점)<table><tr><td>있음</td><td>없음</td></tr><tr><td>−3점</td><td>1점</td></tr></table>나. 기관의 특성을 반영한 자체 윤리 규범의 마련(3점)<table><tr><td>없음</td><td>있음</td></tr><tr><td>0점</td><td>3점</td></tr></table>다. 윤리의식 함양을 위한 자체 교육 프로그램의 운영(3점)<table><tr><td>없음</td><td>있음</td></tr><tr><td>0점</td><td>3점</td></tr></table>라. 공직 윤리 강화를 위한 우수 활동 사례(3점)<table><tr><td>없음</td><td>미흡</td><td>보통</td><td>탁월</td></tr><tr><td>0점</td><td>1점</td><td>2점</td><td>3점</td></tr></table></td></tr>
</table>

표 9-4 공공 윤리의 측정[4)]

번호	문항	매우 부정	←←←←←		보통		→→→→→	매우 긍정
		매우 그렇지 않다	그렇지 않다	약간 그렇지 않다	보통이다	약간 그렇다	그렇다	매우 그렇다
1	나는 부당한 압력을 거부하고 사사로운 이익에 얽매이지 않는다.	①	②	③	④	⑤	⑥	⑦
2	나는 정보를 개방하고 공유하여 업무를 투명하게 처리한다.	①	②	③	④	⑤	⑥	⑦
3	나는 절차를 성실하게 준수하고 공명정	①	②	③	④	⑤	⑥	⑦

3) 본서에서는 예시 차원에서 제시한 진단 지표의 실제적 활용 가능성을 높이기 위해 10점 기준으로 배점 구간을 구체적으로 제시하였다.

	대하게 업무에 임한다.							
4	나는 창의적 사고와 도전 정신으로 변화와 혁신을 선도한다.	①	②	③	④	⑤	⑥	⑦
5	나는 주인의식을 가지고 능동적인 자세로 업무에 전념한다.	①	②	③	④	⑤	⑥	⑦
6	나는 끊임없는 자기 계발을 통해 능력과 자질을 높인다.	①	②	③	④	⑤	⑥	⑦
7	나는 서로 다른 입장과 의견이 있음을 인정하고 배려한다.	①	②	③	④	⑤	⑥	⑦
8	나는 특혜와 차별을 철폐하고 균등한 기회를 보장한다.	①	②	③	④	⑤	⑥	⑦
9	나는 자유로운 참여를 통해 국민과 소통하고 협력한다.	①	②	③	④	⑤	⑥	⑦
10	나는 직무의 내외를 불문하고 금품이나 향응을 받지 않는다.	①	②	③	④	⑤	⑥	⑦
11	나는 나눔과 봉사를 실천하고 타인의 모범이 되도록 한다.	①	②	③	④	⑤	⑥	⑦
12	나는 공무원으로서의 명예와 품위를 소중히 여기고 지킨다.	①	②	③	④	⑤	⑥	⑦

표 9-5 공공 봉사 동기의 진단[5)]

진단 항목	가. 기관의 특성을 반영한 자체 공공 봉사 동기 측정 도구의 마련 나. 공공 봉사 동기 관리 및 강화를 위한 자체 교육 프로그램의 운영 다. 공공 봉사 동기 강화를 위한 우수 활동 사례
진단 기준 (예시)	가. 기관의 특성을 반영한 자체 공공 봉사 동기 측정 도구의 마련(3점) 없음: 0점 / 있음: 3점

없음	있음
0점	3점

4) 해당 내용은 공무원 현장 내용을 토대로 작성하였다.

5) 본서에서는 예시 차원에서 제시한 진단 지표의 실제적 활용 가능성을 높이기 위해 10점 기준으로 배점 구간을 구체적으로 제시하였다.

나. 공공 봉사 동기 관리 및 강화를 위한 자체 교육 프로그램의 운영(4점)

없음	있음
0점	4점

다. 공공 봉사 동기 강화를 위한 우수 활동 사례(3점)

없음	미흡	보통	탁월
0점	1점	2점	3점

표 9-6 공공 봉사 동기의 측정

번호	문항	매우 부정	←←←←←		보통		→→→→→	매우 긍정
		매우 그렇지 않다	그렇지 않다	약간 그렇지 않다	보통이다	약간 그렇다	그렇다	매우 그렇다
1	나는 정치에 대해 부정적인 인식을 갖고 있다.	①	②	③	④	⑤	⑥	⑦
2	나는 공공정책결정과정에서 발생하는 주고받기식 행태가 마음에 들지 않는다.	①	②	③	④	⑤	⑥	⑦
3	나는 정치인들에 관심이 없다.	①	②	③	④	⑤	⑥	⑦
4	나의 지역사회에서 벌어지고 있는 일들에 관심이 많다.	①	②	③	④	⑤	⑥	⑦
5	나는 사심 없이 지역 사회에 공헌한다.	①	②	③	④	⑤	⑥	⑦
6	나는 공공봉사를 시민으로서 나의 의무라고 생각한다.	①	②	③	④	⑤	⑥	⑦
7	의미있는 공공봉사는 나에게 매우 중요하다.	①	②	③	④	⑤	⑥	⑦
8	나는 나의 이익에 손해가 생기더라도 공무원으로서 사회 전체를 위해 최선인 일을 하기를 원한다.	①	②	③	④	⑤	⑥	⑦
9	어려움에 처한 사람들을 보는 것은 나에게 매우 힘든 일이다.	①	②	③	④	⑤	⑥	⑦

10	대부분의 사회 복지 프로그램은 매우 중요하다.	①	②	③	④	⑤	⑥	⑦
11	나는 우리가 얼마나 서로에게 의존적인지에 대해 매일 생각한다.	①	②	③	④	⑤	⑥	⑦
12	나는 소외된 사람들의 어려움에 마음이 아프다.	①	②	③	④	⑤	⑥	⑦
13	나에게 애국심이란 타인의 복지를 돌보는 것을 포함한다.	①	②	③	④	⑤	⑥	⑦
14	나는 자신의 문제를 위해 스스로 노력하지 않는 사람에 대해서는 동정할 필요가 없다고 생각한다.	①	②	③	④	⑤	⑥	⑦
15	내가 지지하는 공공프로그램은 많지 않다.	①	②	③	④	⑤	⑥	⑦
16	나는 내가 개인적으로 모르는 사람의 복지에 대해서는 거의 생각하지 않는다.	①	②	③	④	⑤	⑥	⑦
17	나에게는 돈을 많이 버는 것보다 좋은 일을 하는 것이 더욱 중요하다.	①	②	③	④	⑤	⑥	⑦
18	내가 하는 일의 대부분은 나 스스로를 위한 일이 아닌 대의를 위한 일이다.	①	②	③	④	⑤	⑥	⑦
19	나는 다른 사람을 위해 봉사를 하면 금전적 보상과는 무관하게 좋은 기분이 느껴진다.	①	②	③	④	⑤	⑥	⑦
20	나에게는 개인적 성취보다 사회적 공헌이 더욱 중요하다.	①	②	③	④	⑤	⑥	⑦
21	나는 사람들이 사회로부터 받은 것보다 더 많은 것을 사회에 환원해야 한다고 생각한다.	①	②	③	④	⑤	⑥	⑦
22	나는 좋은 사회를 위해 희생할 준비가 되어 있다.	①	②	③	④	⑤	⑥	⑦
23	나는 다른 사람을 돕기 위해 개인적인 손실까지 감수할 수 있다.	①	②	③	④	⑤	⑥	⑦
24	나는 나의 이익보다는 내게 주어진 의무가 먼저라고 생각한다.	①	②	③	④	⑤	⑥	⑦

2. 기업가정신의 진단 및 측정

사람혁신의 토대적 차원에서 핵심 인사혁신 가치로서 기업가정신은 공공성의 수호를 위해 불확실성에 대한 개인적 위험을 감수하고 모험정신과 도전정신을 바탕으로 혁신을 주도해 나가는 진취적 행태를 공공조직 구성원들에게 내재화 하려는 노력을 의미한다. 조직적 차원에서 기업가정신이라는 인사혁신 가치를 실현하고자 하는 노력은 <표 9-7>과 <표 9-8>의 지표와 문항을 바탕으로 진단 및 측정할 수 있다.

표 9-7 기업가정신의 진단[6]

구분	내용
진단 항목	가. 기관의 특성을 반영한 기업가정신 모델 정립 나. 기업가정신 강화를 위한 자체 교육 프로그램의 운영 다. 기업가정신 발현 우수 사례 자체 발굴 및 공유 라. 기업가정신의 강화를 위한 우수 활동 사례
진단 기준 (예시)	가. 기관의 특성을 반영한 기업가정신 모델 정립(2점) 없음: 0점 / 있음: 2점 나. 기업가정신 강화를 위한 자체 교육 프로그램의 운영(2점) 없음: 0점 / 있음: 2점 다. 기업가정신 발현 우수 사례 자체 발굴 및 공유(3점) 없음: 0점 / 있음: 3점 라. 기업가정신의 강화를 위한 우수 활동 사례(3점) 없음: 0점 / 미흡: 1점 / 보통: 2점 / 탁월: 3점

6) 본서에서는 예시 차원에서 제시한 진단 지표의 실제적 활용 가능성을 높이기 위해 10점 기준으로 배점 구간을 구체적으로 제시하였다.

표 9-8 기업가정신의 측정

번호	문항	매우 부정 ←←←←			보통	→→→→		매우 긍정
		매우 그렇지 않다	그렇지 않다	약간 그렇지 않다	보통이다	약간 그렇다	그렇다	매우 그렇다
1	우리 기관 구성원들은 혁신에 대해 열린 태도를 갖고 있다.	①	②	③	④	⑤	⑥	⑦
2	우리 기관 구성원들은 창의적이다.	①	②	③	④	⑤	⑥	⑦
3	우리 기관 구성원들은 혁신적이다.	①	②	③	④	⑤	⑥	⑦
4	우리 기관 구성원들은 공익의 실현을 위해 새로운 시도를 하곤 한다.	①	②	③	④	⑤	⑥	⑦
5	우리 기관 구성원들은 새로운 사업을 추진하는 데 있어 망설이지 않는다.	①	②	③	④	⑤	⑥	⑦
6	우리 기관 구성원들은 시장 변화에 적극적으로 대응한다.	①	②	③	④	⑤	⑥	⑦
7	우리 기관 구성원들은 새로운 프로젝트를 추진하기 위해 외부 조직과 자주 접촉한다.	①	②	③	④	⑤	⑥	⑦
8	우리 기관 구성원들은 행정환경 변화에 적극적으로 대응한다.	①	②	③	④	⑤	⑥	⑦
9	우리 기관 구성원들은 실패가능성이 있더라도 유망한 프로젝트는 수행하는 경우가 있다.	①	②	③	④	⑤	⑥	⑦
10	우리 기관 구성원들은 조직성과에 직접적으로 효과가 없는 프로젝트도 수행한다.	①	②	③	④	⑤	⑥	⑦
11	우리 기관 구성원들은 공익성이 높은 프로젝트를 성사시키기 위해 위험을 감수하곤 한다.	①	②	③	④	⑤	⑥	⑦

사례로 보는 인사혁신

"공무원 왜 되고 싶어요?" … '공직가치' 면접 150분 본다.

대기업에 다니던 A씨는 지난해 회사를 관두고 5급 공무원 시험 준비를 시작했다. A씨는 대기업의 강한 노동강도와 연이은 야근과 주말근무에 질려 안정적이고 상대적 근무강도가 약해 보이는 공무원을 선택했다. A씨는 "특별히 공무원에 대한 사명감이나 봉사정신 등에 대해선 생각해 본 적이 없다"며 "공무원이 되고 싶은 이유는 삶의 질이 높아보이기 때문"이라고 말했다.

올해부터 A씨처럼 단순히 안정적이거나 노후에 연금이 나온단 이유만으로 직업적 선택을 한 공무원 수험생들은 면접 과정에서 철저히 거르고 명확한 동기와 사명감을 가진 공무원들을 뽑을 전망이다. 기존엔 25분 개별면접 중 일부 질문만으로 공직가치 검증을 했지만, 40분간 공직가치 개별면접을 포함해 총 150분간 면접보는 것으로 바뀐다.

인사혁신처는 오는 30일부터 경기 고양시 킨텍스에서 이틀간 진행되는 5급 공무원 공개경쟁채용 면접시험에서 이 같이 '공직가치 평가' 비중을 늘리겠다고 28일 밝혔다. 기존에는 개별면접 진행 중에 형식적인 질문 몇 가지만 던졌지만, 올해부터는 직무역량 개별면접 시간과 동일하게 40분간 공직가치 개별면접을 본다.

인사처가 이 같이 면접방식을 바꾼 이유는 별다른 사명감 없이 단순 직업적 이유로만 공무원을 선택하는 수험생이 많아졌기 때문이다. 인사처 관계자는 "마음 자세가 갖춰지지 않은 사람이 들어오면 후천적인 교육으로 바꾸기 어렵기 때문에 아예 처음부터 공직에 뜻이 있고 국민에 봉사하고자 하는 마음가짐을 갖춘 제대로 된 사람을 뽑자는 것"이라고 말했다. 최근 공무원들을 향해 복지부동, 철밥통이란 국민 여론이 큰 것도 면접방식을 바꾸는 데 한 몫 했다.

먼저 인사처는 면접 대상인원을 최종 선발인원의 134%인 355명으로 정해 전년 대비 10% 늘렸다. 1인당 면접시간도 하루 동안 135분간 보는 것에서 이틀간 240분을 보는 것으로 늘렸다. 면접 대상인원과 면접 시간을 모두 늘려 실효성과 변별력을 확보하겠단 계산이다.

5급 공무원 공채 면접시험 올해부터 바뀐 점

	종전(2014년)	개선(2015년)	
면접대상	최종 선발예정인원의 110~120% 수준	130% 수준 (2015년 134%)	
1인당 면접시간	1일, 총 135분	2일, 총 240분	
조별 응시인원	7~8명	6명 이내	
6명 이내	3명 (국장급2, 교수1)	6명 (국장급2, 교수2, 외부전문가2)	
		1일차	2일차
면접방식	① 집단토의(60분) → ② 개인발표(45분) → ③ 개별면접(25분)	① 그룹별 개인발표 (1인당 50분) → ② 직무역량 개별면접(40분)	③ 집단 심화토의 (110분) → ④ 공직가치 개별면접(40분)

면접체계는 직무역량평가 90분, 공직가치관 평가 150분으로 2단계로 나눠 진행키로 했다. 직무역량 평가는 90분간 그룹면접과 직무역량 면접으로 진행된다. 공직가치관 평가는 국가관, 직무관, 윤리관과 공직자가 갖춰야 할 인성 중심으로 150분간 진행되며 집단 심화토의가 110분, 공직가치 개별면접이 40분간 진행된다.

면접위원은 3명에서 6명으로 늘렸다. 경험과 전문성을 갖춘 국장급 공무원과 관련분야 교수, 외부 전문가 중심으로 면접위원을 위촉했다.

김진수 인재개발국장은 "이번 면접부터 경쟁률이 높아진 만큼 면접 시간도 늘어나고 평가방식도 다양해져 수험생의 철저한 준비가 필요하다"며 "준비과정에서 '왜 공무원이 되고 싶은가?, 대한민국과 국민을 위해 어떠한 일을 할 것인가?, 어떠한 자세로 공직에 임할 것인가?' 등을 자문해 볼 필요가 있다"고 말했다.

자료: 머니투데이(2015.10.28)

연구로 보는 인사혁신

공직봉사동기와 기업가정신에 관한 실증 연구:
공공부문의 개인-조직 적합성의 매개효과를 중심으로

미래 국가 경쟁력 강화와 정부의 혁신을 이끌기 위한 공무원 및 공공조직의 가치로써 근래 주목받기 시작하는 것 중 하나가 공공 기업가 정신일 것이다. 기업가정신은 그동안 민간부문에서 새로운 것을 창출하고 변화를 주도하는 개념으로써 매우 활발하게 다루어져 왔기에, 공공부문에서는 다소 생소한 것이 사실이다. 하지만 사회의 복잡하고 다양한 문제해결을 위해 국민들은 보다 더 혁신적이고 진취적인 공직자들을 요구하게 되었고 공공부문에서도 기업가정신을 높이기 위한 필요성이 커지게 되었다. 공공조직에서의 기업가정신은 국가의 발전과 공공 서비스의 향상 의지에 기반을 두기 때문에 본 연구에서는 공공부문 기업가정신의 선행요인으로써 공공 봉사 동기가 고려되었다. 이에 본 연구는 공공조직 구성원들의 공공 봉사 동기를 독립변수로, 공공부문 기업가정신을 종속변수로 두고, 이 두 변수 간의 관계를 개인-조직 적합성이 매개변수로써 작용할 것이라 가설을 세우고 이를 실증적으로 분석하고자 하였다. 분석 결과, 공직봉사동기가 개인-조직 적합성을 매개로 기업가정신에 긍정적 혹은 부정적인 영향을 주는 것을 확인하였다.

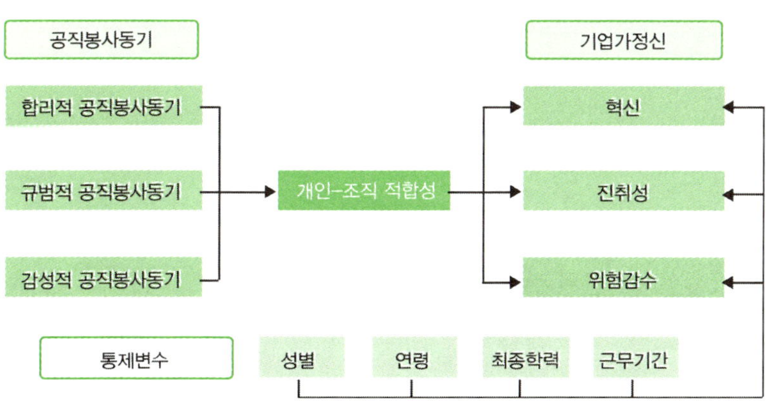

자료: 김민영·오현규·김화연·박성민(2015)

제10장

사람혁신의 발전적 차원

제10장 사람혁신의 발전적 차원

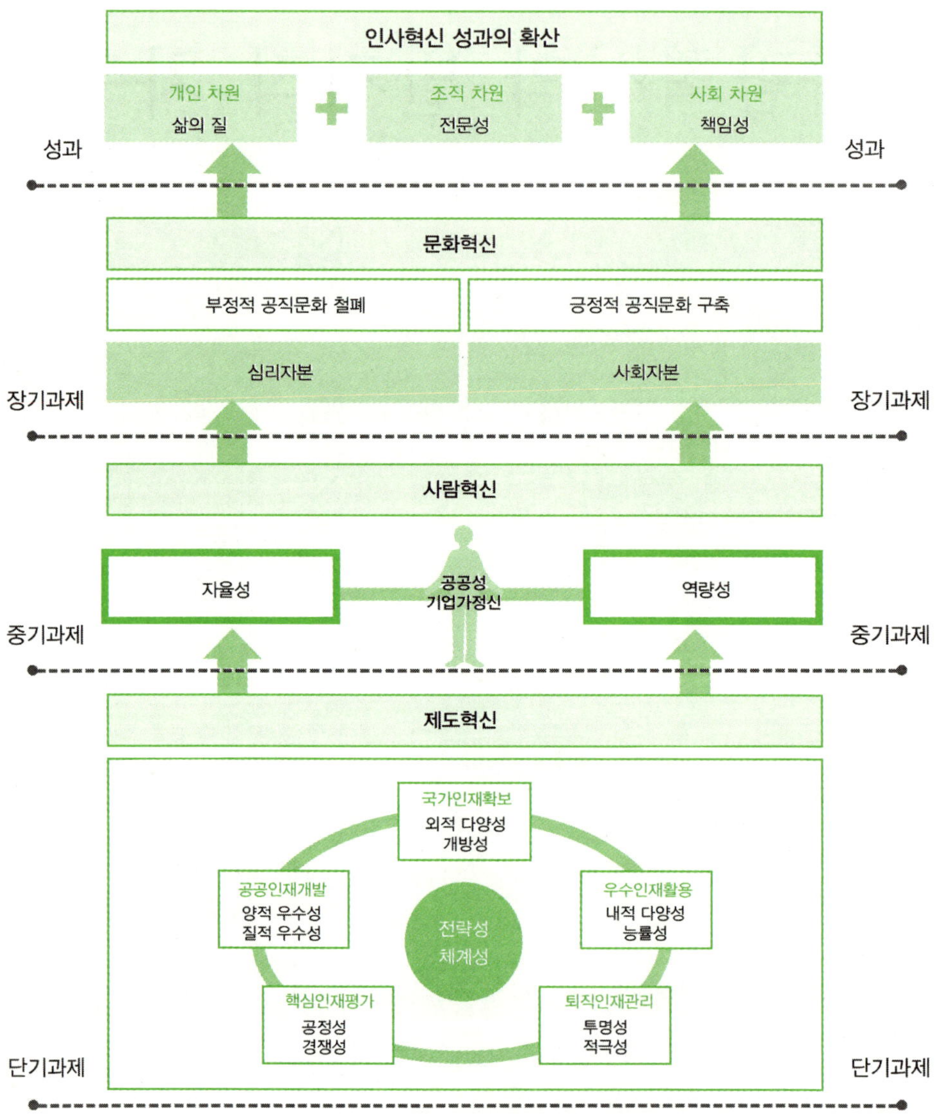

인사혁신 활동의 진단 및 측정

1. 자율성의 진단 및 측정

사람혁신의 발전적 차원에서 핵심 인사혁신 가치로서 자율성은 조직 내의 업무 수행 과정과 의사 결정 과정에서 개별 조직 구성원들에게 자기결정권을 부여하고 조직 구성원들의 능동적 활동을 장려하는 노력을 의미한다. 조직적 차원에서 자율성이라는 인사혁신 가치를 실현하고자 하는 노력은 <표 10−1>과 <표 10−2>의 지표와 문항을 바탕으로 진단 및 측정할 수 있다.

표 10-1 자율성의 진단[1]

<table>
<tr><td>진단 항목</td><td>가. 적극행정 장려를 위한 교육 프로그램의 운영
나. 적극행정 우수 사례 자체 발굴 및 공유
다. 적극행정 우수 사례 경진대회 참가
라. 자율성 강화를 위한 우수 활동 사례</td></tr>
<tr><td>진단 기준
(예시)</td><td>
가. 적극행정 장려를 위한 교육 프로그램의 운영(2점)
<table><tr><td>없음</td><td>있음</td></tr><tr><td>0점</td><td>2점</td></tr></table>
나. 적극행정 우수 사례 자체 발굴 및 공유(2점)
<table><tr><td>없음</td><td>있음</td></tr><tr><td>0점</td><td>2점</td></tr></table>
다. 적극행정 우수 사례 경진대회 참가(3점)
<table><tr><td>참가하지 않음</td><td>참가</td><td>수상</td></tr><tr><td>0점</td><td>1점</td><td>3점</td></tr></table>
라. 자율성 강화를 위한 우수 활동 사례(3점)
<table><tr><td>없음</td><td>미흡</td><td>보통</td><td>탁월</td></tr><tr><td>0점</td><td>1점</td><td>2점</td><td>3점</td></tr></table>
</td></tr>
</table>

1) 본서에서는 예시 차원에서 제시한 진단 지표의 실제적 활용 가능성을 높이기 위해 10점 기준으로 배점 구간을 구체적으로 제시하였다.

표 10-2 자율성의 측정

번호	문항	매우 부정 ←←←←←			보통	→→→→→		매우 긍정
		매우 그렇지 않다	그렇지 않다	약간 그렇지 않다	보통이다	약간 그렇다	그렇다	매우 그렇다
1	나는 직무를 수행하는 과정에 있어 존중을 받고 있다.	①	②	③	④	⑤	⑥	⑦
2	나는 직무와 관련된 의사결정에 있어 영향력을 미칠 수 있다.	①	②	③	④	⑤	⑥	⑦
3	나는 업무 수행 방법과 관련해 상당한 수준의 재량권을 갖고 있다.	①	②	③	④	⑤	⑥	⑦
4	나는 업무 처리와 관련해 내가 원하면 상당수준의 독립성을 가질 수 있다.	①	②	③	④	⑤	⑥	⑦
5	나는 업무 처리와 관련해 내가 원하면 상당수준의 자율성을 가질 수 있다.	①	②	③	④	⑤	⑥	⑦
6	나의 업무처리 방법과 관련된 결정은 내가 내릴 수 있다.	①	②	③	④	⑤	⑥	⑦

2. 역량성의 진단 및 측정

사람혁신의 발전적 차원에서 핵심 인사혁신 가치로서 역량성은 조직 차원에서 공공조직 구성원들에게 요구되는 공통 핵심 역량과 직급 및 직무 특성에 따라 차별화된 전문 직무 역량을 도출하여 이의 내재화를 지원하고자 하는 노력을 의미한다. 조직적 차원에서 역량성이라는 인사혁신 가치를 실현하고자 하는 노력은 <표 10-3>과 <표 10-4>의 지표와 문항을 바탕으로 진단 및 측정할 수 있다.

표 10-3 역량성의 진단[2)]

<table>
<tr><td>진단 항목</td><td>가. 개인의 기본 역량을 측정하기 위한 시스템 구축
나. 직위별 역량모델 구축
다. 직무별 역량모델 구축
라. 역량기반 교육훈련의 시행
마. 역량성 강화를 위한 우수 활동 사례</td></tr>
<tr><td>진단 기준
(예시)</td><td>
가. 개인의 기본 역량을 측정하기 위한 시스템 구축(2점)
<table><tr><td>없음</td><td>있음</td></tr><tr><td>0점</td><td>1점</td></tr></table>
나. 직위별 역량모델 구축(1점)
<table><tr><td>없음</td><td>있음</td></tr><tr><td>0점</td><td>1점</td></tr></table>
다. 직무별 역량모델 구축(1점)
<table><tr><td>없음</td><td>있음</td></tr><tr><td>0점</td><td>1점</td></tr></table>
라. 역량기반 교육훈련의 시행(3점)
<table><tr><td>시행하지 않음</td><td>시행하고 있음</td></tr><tr><td>0점</td><td>3점</td></tr></table>
마. 역량성 강화를 위한 우수 활동 사례(3점)
<table><tr><td>없음</td><td>미흡</td><td>보통</td><td>탁월</td></tr><tr><td>0점</td><td>1점</td><td>2점</td><td>3점</td></tr></table>
</td></tr>
</table>

2) 본서에서는 예시 차원에서 제시한 진단 지표의 실제적 활용 가능성을 높이기 위해 10점 기준으로 배점 구간을 구체적으로 제시하였다.

표 10-4 역량성의 측정

번호	문항	매우 부정 ←←←←←			보통	→→→→→		매우 긍정
		매우 그렇지 않다	그렇지 않다	약간 그렇지 않다	보통 이다	약간 그렇다	그렇다	매우 그렇다
1	나는 일을 잘 하려는 관심이나 최고의 기준에 도전하고자 하는 의욕이 있다.	①	②	③	④	⑤	⑥	⑦
2	나는 요구 받은 것 이상으로 업무를 수행한다.	①	②	③	④	⑤	⑥	⑦
3	나는 업무에 필요한 정보를 입수하려고 노력한다.	①	②	③	④	⑤	⑥	⑦
4	나는 다른 사람과 협력하여 일하는 것을 좋아한다.	①	②	③	④	⑤	⑥	⑦
5	나는 조직에서 리더 역할을 맡을 의향이 있다.	①	②	③	④	⑤	⑥	⑦
6	나는 업무를 수행할 때, 업무 상황을 세분화 하여 이해한다.	①	②	③	④	⑤	⑥	⑦
7	나는 업무를 수행할 때, 단편적인 정보를 조합하여 전체적인 업무 맥락을 파악한다.	①	②	③	④	⑤	⑥	⑦
8	나는 현재 수행하고 있는 업무를 잘 해낼 수 있다.	①	②	③	④	⑤	⑥	⑦
9	나는 내가 속한 팀의 새로운 비전을 만들 수 있다.	①	②	③	④	⑤	⑥	⑦
10	나는 조직의 변화를 받아들일 수 있다.	①	②	③	④	⑤	⑥	⑦
11	나는 조직의 혁신을 받아들일 수 있다.	①	②	③	④	⑤	⑥	⑦

사례로 보는 인사혁신

정부통합전산센터 등 책임운영기관, 49개로 대폭 확대

경직된 관료조직에서 벗어나 기관운영의 자율성과 효율성을 높이기 위해 운영되고 있는 책임운영기관이 49개로 대폭 확대된다.

■ (현재) 18개 부처 39개 → (확대) 23개 부처 49개

행정자치부·통일부·국토교통부 등 9개 부처는 정부통합전산센터, 통일교육원, 항공교통센터 등 업무의 전문성·독립성이 높은 10개 기관을 11월 18일 책임운영기관운영위원회(위원장: 정종섭 행정자치부 장관) 심의를 거쳐 책임운영기관으로 전환한다고 밝혔다.

이번 책임운영기관 확대는 민간전문가들의 자문을 받아 정부생산성과 경쟁력을 높이기 위한 조직혁신 차원에서 추진되는 것이다. 특히 정부통합전산센터·국방전산정보원 등 정보통신기술(ICT) 전문기관이 처음으로 책임운영기관화 되면서, 기관장 및 직원 외부채용을 확대하여 급변하는 빅데이터, 클라우드 컴퓨팅 환경에 대응하는 전문기관으로 발전할 것으로 기대된다. 또한 국세·고용 관련 상담업무를 주로 하는 국세청 고객만족센터 및 고용부 고객상담센터는 책임운영기관 전환을 통해, 공급자가 아닌 국민 중심의 서비스를 더욱 확대할 전망이다.

통일교육원, 관세국경관리연수원, 해양수산인재개발원도 이번 책임운영기관 지정을 계기로, 단순 공무원 교육훈련기관이 아닌 각급학교, 중소기업, 어민 등 국민 눈높이에 맞는 교육이 한층 강화될 것으로 기대된다. 항공기 및 선박의 안전운항을 담당하는 항공교통센터 및 국립해양측위정보원의 경우, 긴급상황 발생 시 전문성 있는 기관장의 신속하고 자율적 결정으로 현장중심의 책임행정을 적극 구현할 수 있다. 아울러 '09년 해양유물전시관에서 개편한 국립해양문화재연구소는 이미 책임운영기관으로 운영하는 국립문화재연구소와 함께 해양유물 조사·발굴·보전이라

는 전문 연구기관으로 도약할 것으로 기대된다.

이번에 전환되는 10개 기관들은 연내 '책임운영기관의 설치·운영에 관한 법률 시행령' 개정을 통해 법적 근거를 마련하고, 기관장 외부임용 등을 거쳐 내년 3월에 출범할 예정이다.

한편 책임운영기관은 외부에서 영입한 기관장에게 임기를 보장하고 행정·재정상의 자율성을 부여하여 그 성과에 대해 책임을 지도록 하는 기관으로, 직원신분이 공무원이라는 점에서 법인화와는 다르다. 1999년 외환위기 상황에서 정부 효율성을 높이기 위해 도입되어, 그간 직무성과 계약제, 총액인건비제 등 공직사회에 선진제도들이 자리 잡는데 선도적인 역할을 해 왔으며 자율권을 활용해 국민 눈높이에 맞는 다양한 사업 모델을 개발한 결과, 고객만족도·이용객수 등 우수한 경영성과를 거두고 있다.

■ 책임운영기관 고객만족도(평균): ('12) 80.7점 → ('13) 81.8점 → ('14) 83.1점

정종섭 행정자치부장관은 "책임운영기관이 정부3.0 조직혁신의 바람직한 모델로 자리 잡은 만큼, 이번 확대로 정부경쟁력이 높아지고 국민들께 더 나은 서비스를 제공할 수 있을 것"이라고 밝혔다.

자료: 뉴스포털(2015.11.19)

정부 "과장급 역량 평가, 경쟁력 높여"

■ 6개월, 정부 생산성 향상 효과

정부 부처 과장급 직위 예정자라면 필수적으로 통과해야 하는 '과장급 역량평가'. 시행 6개월 맞은 가운데 비교적 성공적이라는 정부 자체평가가 나왔다.

과장급 역량평가는 정부 각 부처의 중간관리자인 과장급 직위의 진입

을 앞둔 예정자에게 역량평가를 실시함으로써 정부의 생산성과 경쟁력을 높일 목적으로 도입됐다.

2009년 7월, 각 부처의 역량강화 차원에서 시행했지만 인사혁신처(처장 이근면)가 올해부터 개정된 공무원임용령을 적용함에 따라 각 부처에서는 역량평가를 통과한 사람만 과장급 직위에 임용할 수 있게 의무화됐다.

2009년부터 2014년까지 역량평가 의무화 이전에는 평가 대상 2,322명 중 563명(24.3%)이 통과하지 못한 바 있다.

하지만 과장급 역량평가 의무화 이후 평가 대상자의 대비가 높아지는 등 성공적으로 안착되고 있다는 평가다. 지난 1월 1일부터 이달 10일까지 95회에 걸쳐 566명이 평가를 받았고 이 중 458명(80.9%)은 통과한 반면 108명(19.1%)은 고배를 마셔야 했다.

역량평가 의무화 이후 피평가자가 인사혁신처와 중앙공무원교육원이 제공하는 교육과정과 사이버학습으로 피평가자의 수준도 높아졌기 때문이라는 분석이나.

특히 과장급 역량평가 의무화에 대한 공무원 사회의 평가도 긍정적인 것으로 나타났고 지자체와 공공기관 등의 파급 효과도 큰 것으로 인사혁신처는 내다보고 있다.

피평가자들은 역량평가에 대해 '매우 중요한 경험'(90.2%), '평가가 공정'(85.3%), '평가 운영에 만족'(91.2%)한다고 응답했고 '공직사회의 긍정적 변화를 유도할 것'이라는 비율도 69.5%나 됐다.

역량평가는 연공서열에 따른 인사 관행을 탈피해 능력과 자질을 검증하는 전략적 체계로써 전문가들노 타당도와 신뢰도가 가장 높은 기법으로 평가하고 있다.

또한 역량과 자질을 높이기 위한 학습과 자기개발 분위기 조성 등 공직사회에 긍정적 변화를 유발하고 지자체와 공공기관 등에 영향을 주는 등 공직사회에 파급 효과가 클 것으로 전망하고 있다.

인사혁신처 김성훈 고위공무원과장은 "과장급 역량평가를 단순한 평가에 그치지 않고 역량교육 강화, 업무수행 과정에서 역량을 개발하고 향상시켜 나감으로써 정부 경쟁력을 높이는 수단으로 활용해 나갈 것"이라며 "앞으로도 평가관계자로부터 역량평가에 대한 의견을 수렴하고, 문제점을 분석하는 한편, 평가위원의 평가능력을 높이는 등 역량평가제도를 지속적으로 보완해 나가겠다"고 밝혔다.

한편 인사혁신처는 역량평가 통과자에게 관리자 역량 강화를 위해 '과장리더십 스쿨' 과정을 이수하는 것을 원칙으로 하고 개방형직위와 경력개방형직위에 응시하는 민간인도 역량관련 사이버교육을 받을 수 있도록 지원할 계획이다.

자료: 법률저널(2015.06.11)

연구로 보는 인사혁신

공사 조직 구성원들의 개인-직무 적합성과 조직몰입에 대한 소고(小考):
직무 및 생활만족의 조절효과를 중심으로

조직 구성원들의 능력과 역량, 그리고 몰입의 수준은 조직 그 자체와 성과를 결정짓는 핵심 자산이기에 조직과 직무에 대한 구성원들의 부정적인 자세와 태도는 조직에도 치명적인 결함이다. 이에 본 연구는 개인과 조직이 상생 발전할 수 있는 전략적 인적자원관리의 관점에서 개인과 업무의 특성이 얼마나 조화를 이루는지가 성공적인 조직으로 향하는 핵심 기제로 작용할 것으로 보았다.

이러한 문제의식을 토대로 조직 구성원들의 개인-직무 적합성이 조직몰입에 얼마나, 그리고 어떻게 영향을 주는지 살펴보았다. 특히, 직무 및 생활만족을 개인-직무 적합성의 효과를 상승시키는 조직의 중요한 긍정심리자본으로써 핵심 조절변수로 설정하였고, 공공조직과 민간조직에서 그 영향관계가 어떻게 다른지 확인하였다. 실증분석을 위해서는 도출된 연구가설을 토대로 신뢰도 및 타당도 분석, 상관관계 분석, 독립표본 t검정, 위계적 회귀 분석을 실시하였다. 이를 통한 분석결과들은 조직의 특성과 유형, 그리고 구성원들의 내면적 동기구조에 맞는 전략적이고 체계적인 인사정책 및 관리의 필요성에 대한 실무적 함의를 제공하였다.

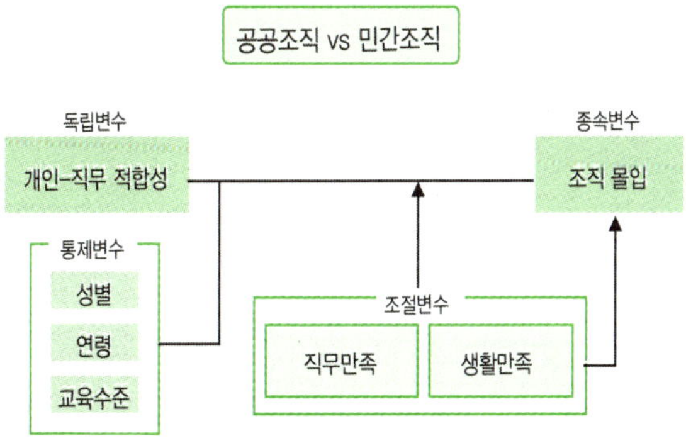

자료: 오현규·박성민(2015)

제 4 편

인사혁신의 장기 과제: 문화혁신

제11장

문화혁신의 토대적 차원

제11장 문화혁신의 토대적 차원

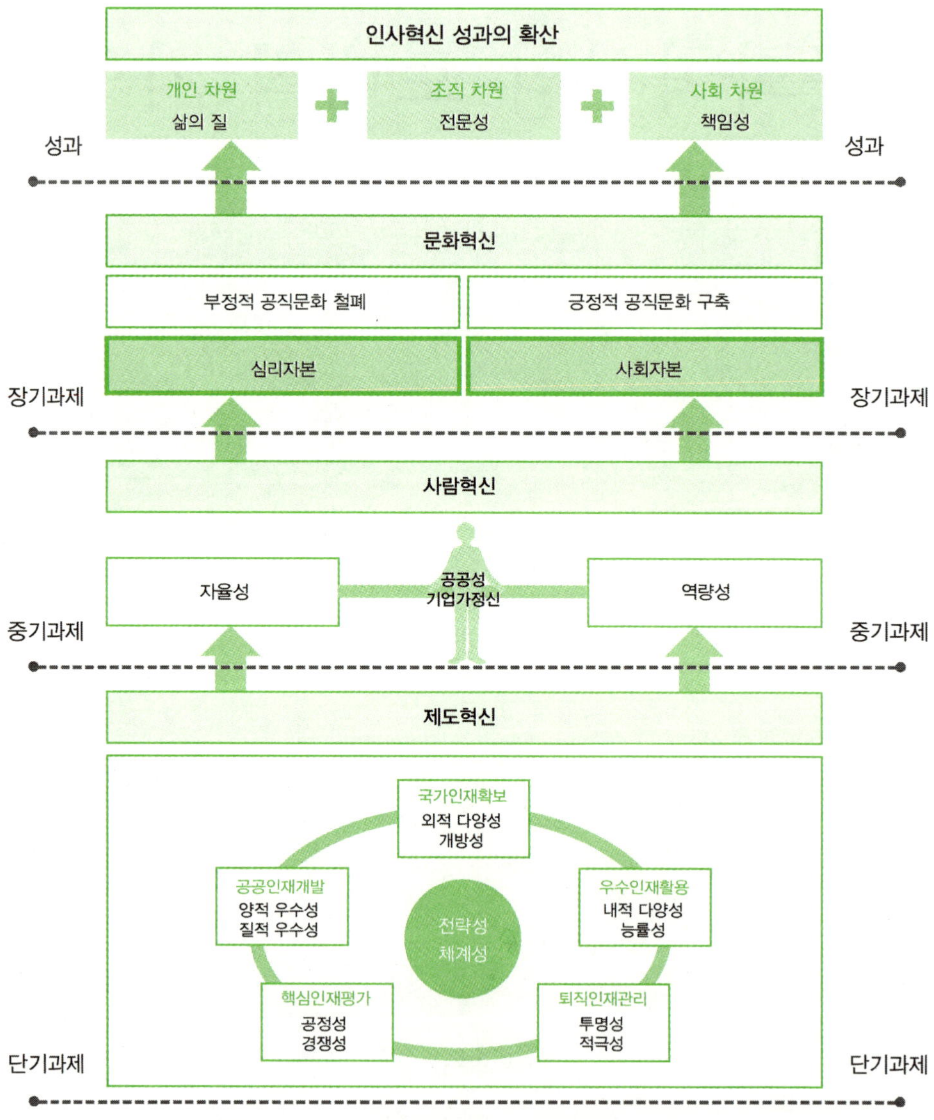

인사혁신 활동의 진단 및 측정

1. 심리자본의 진단 및 측정

문화혁신의 토대적 차원에서 핵심 인사혁신 가치로서 심리자본은 자기효능감, 희망, 낙관주의, 회복탄력성과 같이 조직 구성원들의 긍정적인 마음 상태에 관심을 기울이고 이를 조직 차원으로 확산해 나가고자 하는 노력을 의미한다. 조직적 차원에서 심리자본이라는 인사혁신 가치를 실현하고자 하는 노력은 <표 11-1>과 <표 11-2>의 지표와 문항을 바탕으로 진단 및 측정할 수 있다.

표 11-1 심리자본의 진단[1]

<table>
<tr><td>진단 항목</td><td>가. 일하기 즐거운 직장 만들기 행사 개최
나. 자체적인 스트레스 관리 프로그램의 운영
다. 심리자본 강화를 위한 우수 활동 사례</td></tr>
<tr><td>진단 기준
(예시)</td><td>가. 일하기 즐거운 직장 만들기 행사 개최(3점)
<table>
<tr><td>없음</td><td>연 1회~3회</td><td>연 4회~7회</td><td>연 8회 이상</td></tr>
<tr><td>0점</td><td>1점</td><td>2점</td><td>3점</td></tr>
</table>
나. 자체적인 스트레스 관리 프로그램의 운영(4점)
<table>
<tr><td>없음</td><td>있음</td></tr>
<tr><td>0점</td><td>4점</td></tr>
</table>
다. 심리자본 강화를 위한 우수 활동 사례(3점)
<table>
<tr><td>없음</td><td>미흡</td><td>보통</td><td>탁월</td></tr>
<tr><td>0점</td><td>1점</td><td>2점</td><td>3점</td></tr>
</table>
</td></tr>
</table>

1) 본서에서는 예시 차원에서 제시한 진단 지표의 실제적 활용 가능성을 높이기 위해 10점 기준으로 배점 구간을 구체적으로 제시하였다.

표 11-2 심리자본의 측정

번호	문항	매우 부정 ←←←←←			보통	→→→→→		매우 긍정
		매우 그렇지 않다	그렇지 않다	약간 그렇지 않다	보통이다	약간 그렇다	그렇다	매우 그렇다
1	나는 장기적인 문제를 분석해서 해결책을 찾는 일에 자신이 있다.	①	②	③	④	⑤	⑥	⑦
2	나는 내 분야에서 어려움에 처했을 때 이에 대응할 자신이 있다.	①	②	③	④	⑤	⑥	⑦
3	나는 우리 기관에서 전략을 논의할 때 도움이 될 자신이 있다.	①	②	③	④	⑤	⑥	⑦
4	나는 업무 분야에서 목표 설정을 도울 수 있는 자신이 있다.	①	②	③	④	⑤	⑥	⑦
5	나는 문제를 논의하기 위해 조직 외부 사람들과 자신있게 접촉할 수 있다.	①	②	③	④	⑤	⑥	⑦
6	나는 동료들에게 내가 가진 정보를 자신있게 제공할 수 있다.	①	②	③	④	⑤	⑥	⑦
7	만약 업무 중에 어려움을 스스로 해결해야 한다면, 그러한 문제를 해결해 나갈 다양한 방안을 생각해 낼 수 있다.	①	②	③	④	⑤	⑥	⑦
8	나는 요즘 내 목표를 열정적으로 추구하고 있다.	①	②	③	④	⑤	⑥	⑦
9	어떠한 문제든지 그것을 해결할 수 있는 방법은 다양하다.	①	②	③	④	⑤	⑥	⑦
10	나는 나의 기관 내에서 상당히 성공했다.	①	②	③	④	⑤	⑥	⑦
11	나는 업무 목표에 도달할 수 있는 다양한 방안을 찾을 수 있다.	①	②	③	④	⑤	⑥	⑦
12	요즘 나는 나 자신을 위해 설정한 업무 목표를 잘 충족하고 있다.	①	②	③	④	⑤	⑥	⑦
13	직장에서 좌절할 때 그것을 견뎌내고 회복하기가 어렵다.	①	②	③	④	⑤	⑥	⑦

14	나는 종종 직장에서 겪는 어려움을 다양한 방식으로 잘 관리한다.	①	②	③	④	⑤	⑥	⑦
15	나에게 업무가 주어진다면, '그래, 내 일이야' 하고 생각한다.	①	②	③	④	⑤	⑥	⑦
16	나는 종종 직장에서 스트레스를 받는 일에서도, 긍정적인 부분을 찾는다.	①	②	③	④	⑤	⑥	⑦
17	나는 다양한 경험이 있기 때문에 직장에서의 힘든 시간을 잘 극복할 수 있다.	①	②	③	④	⑤	⑥	⑦
18	나는 여러 일을 동시에 수행할 수 있다.	①	②	③	④	⑤	⑥	⑦
19	내가 하는 업무의 결과가 불확실 할 때, 나는 보통 최선의 결과를 기대한다.	①	②	③	④	⑤	⑥	⑦
20	나는 나의 업무와 관련해서 문제가 생기면 그 일이 잘 안될 것이라고 받아들이는 편이다.	①	②	③	④	⑤	⑥	⑦
21	나는 항상 내 직무의 밝은 면을 보려고 한다.	①	②	③	④	⑤	⑥	⑦
22	나는 내가 하는 일의 전망에 대해 낙관적이다.	①	②	③	④	⑤	⑥	⑦
23	내가 맡은 일은 결코 내가 원하는 방식으로 풀리지 않는다.	①	②	③	④	⑤	⑥	⑦
24	나는 어두운 부분이 있으면 반드시 밝은 부분도 있다는 믿음으로 업무를 대한다.	①	②	③	④	⑤	⑥	⑦

2. 사회자본의 진단 및 측정

문화혁신의 토대적 차원에서 핵심 인사혁신 가치로서 사회자본은 인적네트워크를 기반으로 구성원 간의 신뢰를 형성하고 조직 내 상호협력을 강화해 나가고자 하는 노력을 의미한다. 조직적 차원에서 사회자본이라는 인사혁신 가치를 실현하고자 하는 노력은 <표 11-3>과 <표 11-4>의 지표와 문항을 바탕으로 진단 및 측정할 수 있다.

표 11-3 사회자본의 진단[2)]

진단 항목	가. 기관 내 비공식적 조직에 대한 지원 체계의 구축 나. 자체적인 갈등관리 프로그램의 운영 다. 사회자본 강화를 위한 우수 활동 사례
진단 기준 (예시)	가. 기관 내 비공식적 조직에 대한 지원 체계의 구축(3점) 없음: 0점 / 있음: 3점 나. 자체적인 갈등관리 프로그램의 운영(4점) 없음: 0점 / 있음: 4점 다. 사회자본 강화를 위한 우수 활동 사례(3점) 없음: 0점 / 미흡: 1점 / 보통: 2점 / 탁월: 3점

표 11-4 사회자본의 측정

번호	문항	매우 부정 ←←←←←			보통	→→→→→		매우 긍정
		매우 그렇지 않다	그렇지 않다	약간 그렇지 않다	보통이다	약간 그렇다	그렇다	매우 그렇다
1	우리 기관에는 구성원들 간의 다양한 의사소통 채널이 존재한다.	①	②	③	④	⑤	⑥	⑦
2	우리 기관에서는 업무와 관련하여 상급자와 대화를 자주 하는 편이다.	①	②	③	④	⑤	⑥	⑦
3	우리 기관에서는 업무와 관련하여 동료들과 대화를 자주 하는 편이다.	①	②	③	④	⑤	⑥	⑦
4	우리 기관에서는 언제든지 자신의 의사를 자유롭게 표현할 수 있다.	①	②	③	④	⑤	⑥	⑦

2) 본서에서는 예시 차원에서 제시한 진단 지표의 실제적 활용 가능성을 높이기 위해 10점 기준으로 배점 구간을 구체적으로 제시하였다.

5	나는 평소 상사를 신뢰한다.	①	②	③	④	⑤	⑥	⑦
6	나는 평소 부하직원을 신뢰한다.	①	②	③	④	⑤	⑥	⑦
7	나는 평소 동료들을 신뢰한다.	①	②	③	④	⑤	⑥	⑦
8	우리 기관에는 구성원 간의 신뢰문화가 조성되어 있다.	①	②	③	④	⑤	⑥	⑦
9	우리 기관에는 규범 및 규칙이 잘 확립되어 있다.	①	②	③	④	⑤	⑥	⑦
10	우리 기관 구성원들은 평소 규범 및 규칙을 잘 지킨다.	①	②	③	④	⑤	⑥	⑦
11	우리 기관에는 질서가 잘 확립되어 있다.	①	②	③	④	⑤	⑥	⑦
12	우리 기관의 구성원들의 의식수준은 높은 편이다.	①	②	③	④	⑤	⑥	⑦

사례로 보는 인사혁신

공공기관 협업으로 국민생활이 이렇게 달라집니다.
- 2015년도 공공기관 우수 협업과제 선정 -

기획재정부는 정부 3.0 일환으로 추진한 공공기관 협업을 통한 대국민 서비스 향상을 위하여, 2013년부터 협업과제를 발굴하고 성과를 평가해 왔으며, 2015년도에는 23개 과제를 선정하고 협업을 진행하였다.

이에 기획재정부는 2015년도 과제 평가를 통해 최종 6개의 우수 협업 과제를 선정하였으며, 이들 과제로 인해 향후 국민들의 생활이 편리해지거나, 다양한 혜택을 받을 수 있을 것으로 기대된다.

* 2015년도 공공기관 우수 협업과제(6개) 주요 내용

1 고속도로 ex-HUB(대중교통 환승시설) 추진(도로공사)

- 협업내용: 나들목으로 나가지 않고도 고속도로에서 지하철, 시내버스 등 대중교통을 편리하게 환승할 수 있는 시설을 가천대역 및 동천역 주변에 설치
- 협업효과: 고속도로의 환승기능으로 대중교통 활성화와 국민교통편의 향상 및 수도권 지역의 만성적인 지·정체 해소

  * (이용자) 평균 5천여명/일, (시간편익) 21억원/연
- 협업기관: (주관) 한국도로공사, (협조) 경기도, 성남시, 용인시, 가천대학, 경기철도(주), 경기도 버스운송조합

※ 고속도로 대중교통연계시설(EX-허브) 개념도(고속도로 환승정류장형)

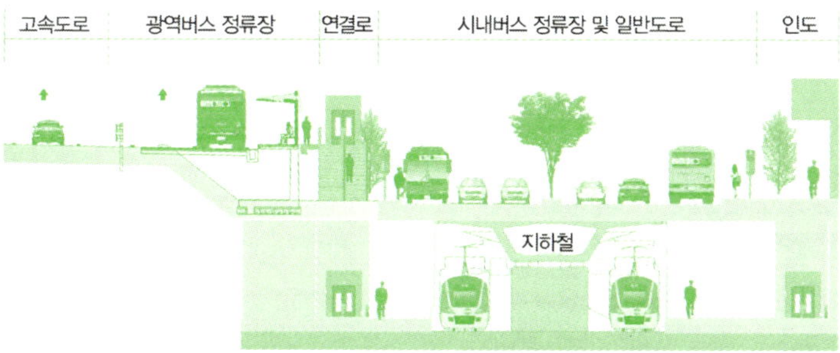

2 석탄재 재활용 기술개발 및 사업화(동서발전)

- 협업내용: 연간 25억원의 매립비용이 드는 석탄재를 재활용하여 고품질의 저렴한 건식벽체를 생산
- 협업효과: 기존 건축자재보다 30%저렴하여 시공비용 절감이 가능하며 아파트 층간소음도 해소(6db)

  * 2016년 동서발전 발주공사에 적용하여 경제성, 시공성 등을 평가하고, 향후 아파트 건설사와 대규모 공사 추진할 계획

- 협업기관: (주관) 한국동서발전(주), (협조) 국립공주대, ㈜익성텍

3 국민맞춤형 영유아 건강검진 정보공유(건강보험공단)

- 협업내용: 공공기관 간 영유아 건강검진 정보를 공유하여 기존 종이서류인 건강검진서를 전산화
- 협업효과: 검진내역 전산화에 따른 행정비용 절감(105억원/연) 효과가 있으며, 어린이집 등 해당 기관에서 건강검진결과를 확인함에 따라 학부모 서류제출 불필요
- 협업기관: (주관) 국민건강보험공단, (협조) 사회보장정보원, 한국보육진흥원

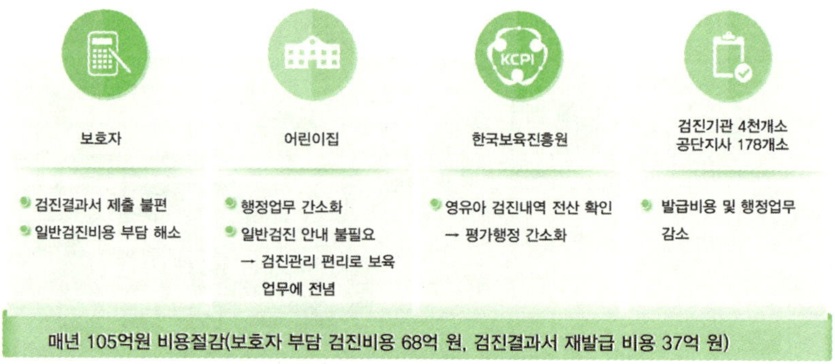

4 물산업 중소기업 해외진출 Total Care 서비스(수자원공사)

- 협업내용: 물산업 중소기업을 대상으로 기술개발에서 해외 판로개척까지 맞춤형 One-Stop 서비스를 지원
- 협업효과: 외국산 점유율이 높은 물산업 시장에서 중소기업을 육성하여 국산제품 기술력을 강화, Global 강소기업으로 육성(23개社)하여 해외진출 성공률을 높임(약 1,200억원의 매출달성)

  * (사례 1) J사는 2010년 「외벽부착식 초음파유량계」를 국산화하였으나, 인지도 및 실적 부재로 부진한 매출이 이어졌으나, K-water의 현장 성능검증 등 맞춤형 서비스를 받고 국내 11억원(86대) 및 해외 1억원(10대) 매출을 달성

- 협업기관: (주관) 수자원공사, (협조기관) 상하수도협회, KOTRA, 지식재산전략원, 한국기계연구원, 서울시 등 8개 특광역시, 아주대 등 6개 대학, KEB하나은행

5 대·중소 해외동반진출 및 바이어정보 공유(KOTRA)

- 협업내용: 불량바이어 거래위험 등에 노출된 중소기업에게 사전 바이어 신용조사 서비스를 제공하고, 대기업 해외진출 시 참여토록 지원
- 협업효과: 사전 바이어 신용조사를 통한 우량바이어와 상담주선이 가능하게 되었으며, 대기업의 해외 네트워크를 이용한 중소기업 판로개

척으로 매출액 증가(2015년 647백만달러 매출 달성)

* (사례) 속눈썹용 시술제품을 개발한 A사는 CJ E&M에서 추진한 K-CON 연계행사에 참가하여 주요 언론과 고객에 노출되고, 신뢰도 높은 바이어와 상담주선으로 최초 수출 성공(164천$ 매출)

■ 협업기관: (주관) KOTRA, (협조기관) 대·중소기업협력재단, 한국무역보험공사, CJ E&M, CJ오쇼핑, GS홈쇼핑, 롯데홈쇼핑, 현대홈쇼핑

6 인천공항 사회적 일자리 창출을 위한 협업(인천국제공항공사)

■ 협업내용: 인천공항 내부자원을 활용한 비즈니스모델을 개발하고, 일자리창출 경진대회, 컨설팅 및 멘토링을 통해 실질적인 일자리를 창출

■ 협업효과: 인천공항에서 가능한 사업아이디어 발굴, 예비 사회적 기업을 위한 10개 법인창업 및 54개 신규 일자리 창출

* (사례 1) 인천공항을 통해 입국하는 동남아 여행객에게 1회용으로 구매하는 물품(의류)을 대여하는 서비스 개시

** (사례 2) 인천공항 여행객에게 IT기술을 활용한 '분실물 예방 및 도난방지 사입화'를 위해 법인을 설립

■ 협업기관: (주관) 인천국제공항공사, (협조기관) 한국사회적기업진흥원, 사회문화정책연구원, 인천시, 대학교

자료: 기획재정부(2016.02.23)

연구로 보는 인사혁신

공공부문의 사회자본 확충과 지식관리 활성화를 통한 업무성과 제고방안 연구

본 연구의 목적은 사회자본을 중심으로 하는 지식관리 선행요인과 지식관리 활동, 지식관리 업무성과 간의 인과관계를 파악하고 이들 간의 연계방안을 제시함으로서 공공부문의 지식관리 활성화 정책을 제시하는 데 있다. 이를 위해 지식관리시스템을 운영하고 있는 중앙행정기관 공무원을 대상으로 설문조사를 실시하였으며, 이를 바탕으로 구조방정식 모형 분석을 실시하였다. 지식관리 선행요인(사회자본, 리더십, 보상체계 및 기술적 요인)과 지식관리 활동 및 성과 간의 관계에 관한 가설검증 결과 각각의 지식관리 선행요인들은 지식관리 활동별로 차별적인 영향을 미치는 것으로 나타났다. 구체적으로 지식창출에는 사회자본의 관계적 요소와 규범적 요소, 리더십 요인, 기술적 요인이 지식공유에는 사회자본의 구조적 요소와 제도적 요인이 유의미한 영향을 미치는 것으로 나타났다. 그리고 지식창출은 지식공유에 유의미한 영향을 미치는 것으로 나타났으며, 지식공유만이 지식관리 업무성과에 유의미한 영향을 미치는 것으로 나타났다. 뿐만 아니라 지식창출 활동과 지식공유 활동의 두 변수가 사회자본 요인과 리더십 등의 선행변수와 지식관리 성과 간에 관계에 있어 중요한 매개역할을 하고 있음을 보여주고 있었다. 본 연구에서는 이러한 분석 결과를 바탕으로 지식관리 업무성과 향상을 위한 지식관리 전략을 사회자본 차원과 리더십 및 제도적 차원으로 구분하여 보다 적실성 있는 정책적 함의를 제시하였다.

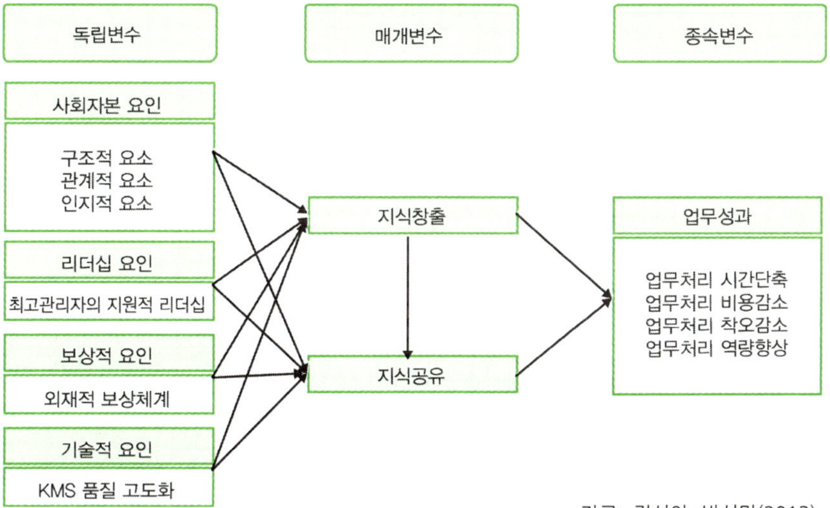

자료: 김선아·박성민(2013)

제12장

문화혁신의 발전적 차원

제12장 문화혁신의 발전적 차원

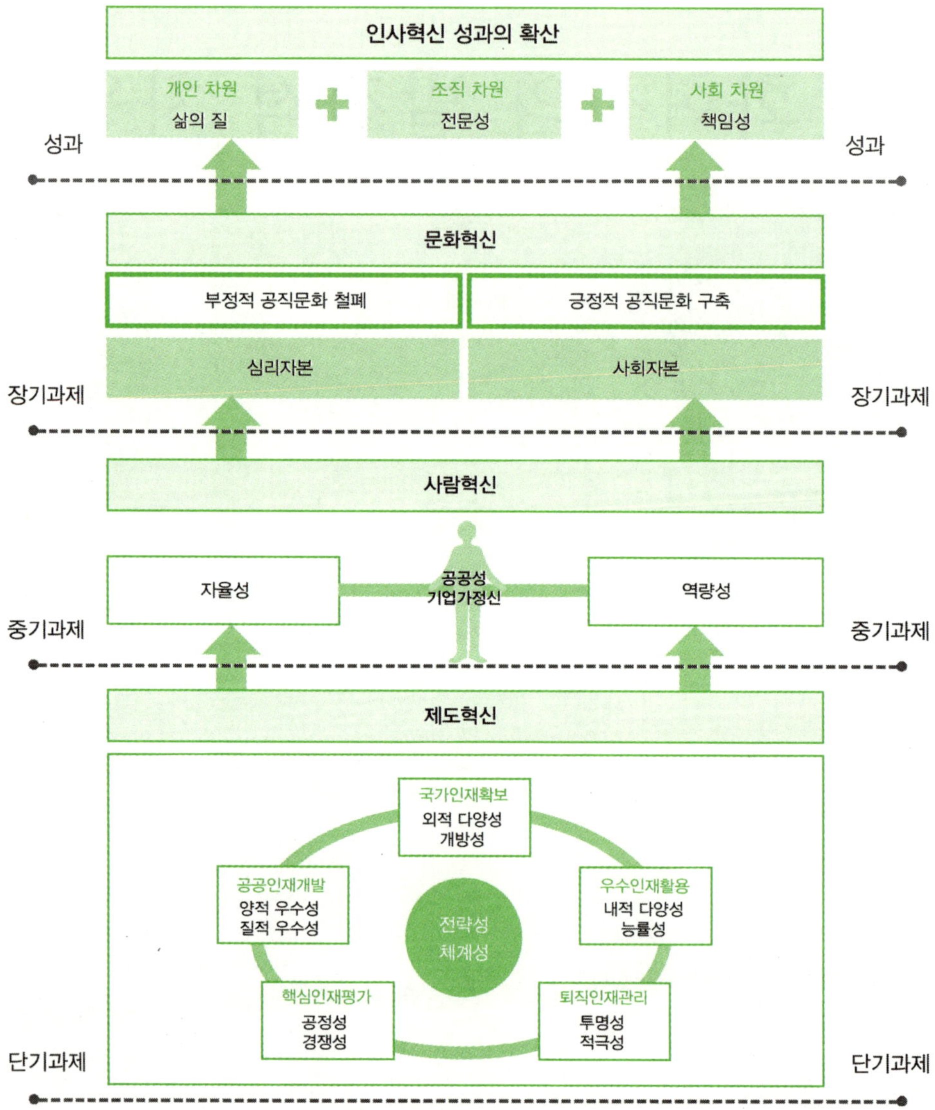

인사혁신 활동의 진단 및 측정

1. 부정적 공직문화 철폐의 진단 및 측정

문화혁신의 발전적 차원에서 핵심 인사혁신 가치로서 부정적 공직문화의 철폐는 권위주의, 복지부동, 무사안일 등과 같이 공공조직 내에 존재하는 부정적인 요소를 철폐하고 이를 통해 조직의 민주성과 창의성 및 혁신성을 강화하려는 노력을 의미한다. 조직적 차원에서 부정적 공직문화 철폐라는 인사혁신 가치를 실현하고자 하는 노력은 <표 12−1>과 <표 12−2>의 지표와 문항을 바탕으로 진단 및 측정할 수 있다.

표 12-1 부정적 공직문화 철폐의 진단[1)]

<table>
<tr><td>진단 항목</td><td>가. 권위주의, 복지부동, 무사안일 철폐에 대한 기관장의 의지 표명
나. 부정적 공직문화 철폐를 위한 자체 규범 마련
다. 부정적 공직문화 철폐를 위한 우수 활동 사례</td></tr>
<tr><td>진단 기준
(예시)</td><td>가. 권위주의, 복지부동, 무사안일 철폐에 대한 기관장의 의지 표명(3점)
<table><tr><td>없음</td><td>있음</td></tr><tr><td>0점</td><td>3점</td></tr></table>
나. 부정적 공직문화 철폐를 위한 자체 규범 마련(4점)
<table><tr><td>없음</td><td>있음</td></tr><tr><td>0점</td><td>4점</td></tr></table>
다. 부정적 공직문화 철폐를 위한 우수 활동 사례(3점)
<table><tr><td>없음</td><td>미흡</td><td>보통</td><td>탁월</td></tr><tr><td>0점</td><td>1점</td><td>2점</td><td>3점</td></tr></table>
</td></tr>
</table>

1) 본서에서는 예시 차원에서 제시한 진단 지표의 실제적 활용 가능성을 높이기 위해 10점 기준으로 배점 구간을 구체적으로 제시하였다.

표 12-2 부정적 공식문화의 철폐 측정

번호	문항	매우 부정 ←←←←← 보통 →→→→→ 매우 긍정						
		매우 그렇지 않다	그렇지 않다	약간 그렇지 않다	보통이다	약간 그렇다	그렇다	매우 그렇다
1	내가 속한 기관은 형식적인 규칙이나 제도, 절차에 의해 통제되고 구조화 되어 있다.	①	②	③	④	⑤	⑥	⑦
2	내가 속한 기관에서 의사전달은 하향적이다.	①	②	③	④	⑤	⑥	⑦
3	내가 속한 기관은 연공서열을 강조한다.	①	②	③	④	⑤	⑥	⑦
4	내가 속한 기관에서는 상사를 무조건적으로 잘 따르는 사람이 좋은 사람으로 여겨진다.	①	②	③	④	⑤	⑥	⑦
5	내가 속한 조직의 구성원 중에는 혁신이나 변화보다는 주로 조직의 매끄러운 운영과 안정성을 중시한다.	①	②	③	④	⑤	⑥	⑦
6	내가 속한 기관의 구성원 중에는 무기력한 태도를 가지고 맡은 업무만 가까스로 하는 직원이 있다.	①	②	③	④	⑤	⑥	⑦
7	내가 속한 기관의 구성원 중에는 내·외부 고객에게 할 수 있는 일도 우선은 안 된다고 말하는 직원이 있다.	①	②	③	④	⑤	⑥	⑦
8	내가 속한 기관의 구성원 중에는 업무개선에 대한 의지가 없이 하던 방식만을 반복하는 직원이 있다.	①	②	③	④	⑤	⑥	⑦
9	내가 속한 기관의 구성원들은 주로 고용안정에 중점을 둔다.	①	②	③	④	⑤	⑥	⑦
10	내가 속한 기관의 구성원들은 주로 규정준수에 중점을 둔다.	①	②	③	④	⑤	⑥	⑦
11	내가 속한 기관의 구성원들은 예측 가능성에 중점을 둔다.	①	②	③	④	⑤	⑥	⑦
12	내가 속한 기관의 구성원들은 안정성에 중점을 둔다.	①	②	③	④	⑤	⑥	⑦

2. 긍정적 공직문화 구축의 진단 및 측정

문화혁신의 발전적 차원에서 핵심 인사혁신 가치로서 긍정적 공직문화의 구축은 우리나라 공공조직의 문화에 성과·경쟁·시장·복지·공정·지식·융합 지향 문화 등 신공공관리론적 혁신 가치와 후기-신공공관리론적 혁신 가치를 통합적으로 내재화하여 조직의 경쟁력을 강화해 나가고자 하는 노력을 의미한다. 조직적 차원에서 긍정적 공직문화 구축이라는 인사혁신 가치를 실현하고자 하는 노력은 <표 12-3>과 <표 12-4>의 지표와 문항을 바탕으로 진단 및 측정할 수 있다.

표 12-3 긍정적 공직문화 구축의 진단[2)]

<table>
<tr><td>진단 항목</td><td>가. 성과·경쟁·시장·복지·공정·지식·융합 지향 문화 구축에 대한 기관장의 의지 표명
나. 긍정적 공직문화 구축을 위한 자체 규범 마련
다. 긍정적 공직문화 구축을 위한 우수 활동 사례</td></tr>
<tr><td>진단 기준
(예시)</td><td>가. 성과·경쟁·시장·복지·공정·지식·융합 지향 문화 구축에 대한 기관장의 의지 표명(3점)
<table><tr><td>없음</td><td>있음</td></tr><tr><td>0점</td><td>3점</td></tr></table>
나. 긍정적 공직문화 구축을 위한 자체 규범 마련(4점)
<table><tr><td>없음</td><td>있음</td></tr><tr><td>0점</td><td>4점</td></tr></table>
다. 긍정적 공직문화 구축을 위한 우수 활동 사례(3점)
<table><tr><td>없음</td><td>미흡</td><td>보통</td><td>탁월</td></tr><tr><td>0점</td><td>1점</td><td>2점</td><td>3점</td></tr></table>
</td></tr>
</table>

2) 본서에서는 예시 차원에서 제시한 진단 지표의 실제적 활용 가능성을 높이기 위해 10점 기준으로 배점 구간을 구체적으로 제시하였다.

표 12-4 긍정적 공직문화 구축의 측정

번호	문항	매우 부정 ←←←←← 보통 →→→→→ 매우 긍정						
		매우 그렇지 않다	그렇지 않다	약간 그렇지 않다	보통 이다	약간 그렇다	그렇다	매우 그렇다
1	내가 속한 기관은 성과극대화 및 결과지향적 문화가 강하다.	①	②	③	④	⑤	⑥	⑦
2	내가 속한 기관의 구성원들은 경쟁적이고 성취지향적이다.	①	②	③	④	⑤	⑥	⑦
3	내가 속한 기관의 구성원들은 업무 결과에 따라 보상받는다.	①	②	③	④	⑤	⑥	⑦
4	내가 속한 기관은 관계지향적이고 가족과 같은 문화가 강하다.	①	②	③	④	⑤	⑥	⑦
5	내가 속한 기관의 구성원들은 협력적이고 팀워크를 중시한다.	①	②	③	④	⑤	⑥	⑦
6	내가 속한 기관의 구성원들은 서로 간에 신뢰와 의리로 융합되어 있다.	①	②	③	④	⑤	⑥	⑦
7	내가 속한 기관은 일과 삶 양립을 위해 다양한 제도적 지원(예: 유연근무제, 가정의 날 등)을 제공한다.	①	②	③	④	⑤	⑥	⑦
8	내가 속한 기관은 각 개인의 다양한 필요와 요구를 존중한다.	①	②	③	④	⑤	⑥	⑦
9	나는 내가 속한 기관을 일하기 좋은 조직으로 추천할 수 있다.	①	②	③	④	⑤	⑥	⑦
10	내가 속한 기관에서는 창의성과 혁신성이 존중된다.	①	②	③	④	⑤	⑥	⑦
11	내가 속한 기관은 구성원들에게 보다 효율적인 업무 방법을 고안해내도록 장려한다.	①	②	③	④	⑤	⑥	⑦
12	내가 속한 기관은 새로운 지식창출에 대한 적절한 보상을 제공한다.	①	②	③	④	⑤	⑥	⑦
13	내가 속한 기관은 높은 수준의 조직 정의와 공정성을 유지하고 있다.	①	②	③	④	⑤	⑥	⑦

14	나는 기관 내에서 부조리나 불의를 보았을 때 두려움 없이 이의를 제기할 수 있다.	①	②	③	④	⑤	⑥	⑦
15	나는 내 상관에 대해 높은 신뢰와 믿음을 갖고 있다.	①	②	③	④	⑤	⑥	⑦

사례로 보는 인사혁신

[엠버저] 수평적 조직문화로 신속한 의사소통 구현

엠버저는 기존의 국내 기업문화를 탈피해 수평적인 조직문화를 만들어 나가기 위해 상대방의 직급이나 이름이 아닌, 디즈니 애니메이션에 등장하는 캐릭터 이름을 부른다. 이근화 대표는 회사 내에서 '톰'으로 불린다. "한국의 기업문화는 아무래도 수직적인 관계잖아요. 서로 편하게 이야기 하자고 해도 높은 사람의 의견에 힘이 실릴 수밖에 없어요. 저희는 이러한 형식에 얽매이지 않고, 서로 자연스럽게 소통할 수 있도록 톰, 제리, 페리 이렇게 불러요. 처음에는 어색했는데, 이제는 적응이 돼서 이게 편합니다.(웃음)"

엠버저의 회의 시간은 형식적인 보고 형태가 아닌, 자유롭게 아이디어를 주고받는 시간이다. 서로의 아이디어를 공유하고, 아이디어에 대한 서로의 의견을 냉철하게 교환한다. 설령 사장의 아이디어라도 가치가 없다고 판단되면 조직원들은 매몰차게 지적한다. 직원들은 업무를 하는 중에도 사장의 의견이 필요하다고 판단되면, 서슴지 않고 호출한다.

"스타트업이기 때문에 직원들에게 대기업만큼 제공하는 건 없어요. 그래도 일단 연차나 이런 규정은 없습니다. 필요에 따라 자유롭게 연차를 쓰게끔 했죠. 아직은 조직 규모가 크지 않아서 악용할 사람이 없다고 생각해요.(웃음) 직원들에게 항상 고마워요. 급여가 많이 나가는 것도 아니고, 프로젝트가 몰리면 주말에도 일을 하거든요. 다들 군말 없이 일할 때는 몸 둘 바를 모르겠습니다."

엠버저는 이제 설립 2년을 맞는 신생기업이다. 이들은 기존의 한국기업문화를 거부하며 고정관념에서 벗어나 다양한 시도에 나서고 있다. 당장 눈앞의 이익을 따지기보다, 일단은 실행으로 옮기는 이들의 수평적인 조직문화는 국내 기업에 큰 귀감이 된다. 다양한 케이스를 접하며 업계에서 노하우를 쌓아가는 엠버저의 1년 뒤는 어떤 모습일지 자못 궁금하다.

자료: 코리아쉬핑가제트(2015.07.09)

한국수자원공사, 비효율 회의·자료요구 개선 … 조직문화혁신

■ 일하기 좋은 100대 기업/3년 연속 대상

한국수자원공사(K-water)는 '4대 강 살리기' 사업 이후 국민적 반감이 높아지고, 직원들 피로감이 누적되면서 부정적 조직문화가 확산되고 있었다. 직원 사기를 진작하고 인식을 개선하기 위해 조직 내 획기적인 변화가 필요한 시점이었다.

이에 K-water는 지속 가능한 발전을 위해서는 조직문화혁신이 필수조건이라는 것을 인식하고, 긍정적 조직문화를 구축하기 위한 고민을 시작했다.

지난해 12월에 조직문화혁신 전담조직(조직문화사무국)을 만들어 불필요한 업무를 줄이고, 일하는 방식을 통째로 개선해 직원들이 스마트하게 업무를 처리할 수 있게 했다. 자부심을 가지고 즐겁게 일할 수 있는 분위기 조성을 위해 전사적인 조직문화 개선활동을 체계적으로 추진하고 있다.

첫 번째 실천으로 그동안 메일이나 전화 등을 통해 비공식적으로 이루어지던 자료 요구 관행을 뜯어고쳤다. 시스템 개선을 통해 자료 요구를 공식화하고 일원화함으로써 불필요한 자료 요구가 줄었고 절차도 간소해졌다. 실제로 자료 요구 건수가 2014년 월평균 200건에서 올해 9월 현재 41건으로 80%나 감소했다.

다음으로 직원들이 많은 개선을 요구했던 것은 비효율적인 회의문화였다. 조직 내에 뿌리 깊게 만연해 있는 비효율적인 회의 운영을 개선하기 위해 자체 회의문화 개선 종합 프로그램인 KAMP(K-water Advanced Meeting Program)를 만들어 효율적 회의문화 정착을 위해 노력하고 있다. KAMP는 △회의 원칙 개발 △회의 주관자 코칭 △회의 관리 시스템 구축 △실시간 모니터링과 피드백 △회의실 환경 개선 △만족도 조사 등으로 구성돼 있다.

또한 대면보고 위주인 결재 방식을 다양화하고, K-water만의 표준 문서 양식을 만들어 공유함으로써 업무 효율화를 추진하고 있다.

공사 문서 결재시간 목표를 지난해보다 갑절이나 빨라진 6시간으로 설정해 신속하고 효율적인 업무 처리를 꾀하고 있다.

매주 수요일을 '가정의 날'로 야근 없이 퇴근하는 날로 지정했다. 나머지 평일과 공휴일도 PC-OFF 시스템을 도입하여 일과 가정이 양립할 수 있도록 지원하고 있다. K-water는 '소통'을 모든 조직문화 개선활동을 위한 근간으로 보고, 다양한 소통 활동을 통해 긍정적 조직문화 확산 기반을 마련하고 있다.

자료: 매일경제(2015.10.22)

연구로 보는 인사혁신

한국 NGO의 조직문화의 유형과 개인-조직 적합성, 조직효과성 간의 구조적 관계연구

조직문화는 공공 및 민간 부문의 구분과 관계없이 조직 경쟁력과 효율성을 증진시키는 주요 요인으로써 조직의 성과에 지대한 영향을 주는 동시에 조직 구성원의 행태나 태도에도 상당한 영향을 미친다. 따라서 조직 구성원들의 공유된 가치, 규범 등을 토대로 적극적으로 변화하는 환경에 대응하기 위해서는 조직문화에 대한 연구가 선행되어야 할 것이다. 하지만 한국 NGO의 조직 경쟁력을 대표할 수 있는 고유한 조직문화에 대한 연구가 많이 이루어지지 못한 실정이다. 이에 본 연구에서는 한국 NGO의 조직문화가 어떠한 인과관계를 통해 조직 효과성(동기와 책임성)에 영향을 주는지를 검증하였다. 분석결과를 살펴보면 다음과 같다. 첫째, 한국 NGO의 조직문화유형은 집단문화 성향이 가장 강하게 나타나는 것을 확인하였다. 둘째, 집단문화와 발전문화 유형이 개인-조직 적합성과 조직 구성원들의 책임성에 긍정적 영향을 미치는 것으로 나타났다. 마지막으로 개인-조직 적합성이 집단문화 유형과 책임성 간의 관계를 매개하는 것으로 확인되었다.

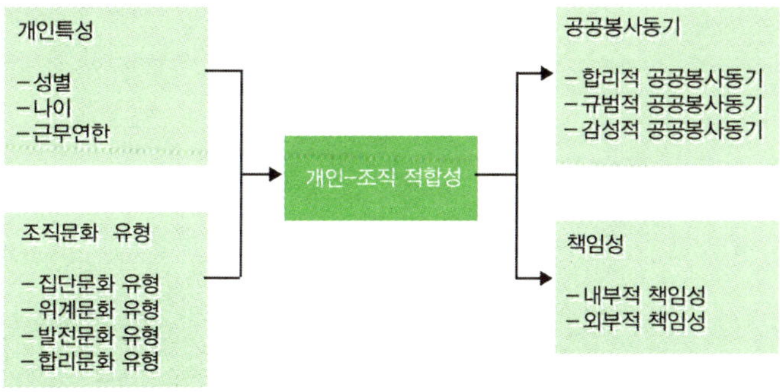

자료: 김민영·민경률·박성민(2015)

제 5 편

인사혁신의 미래

제13장

인사혁신의 성과

제13장 인사혁신의 성과

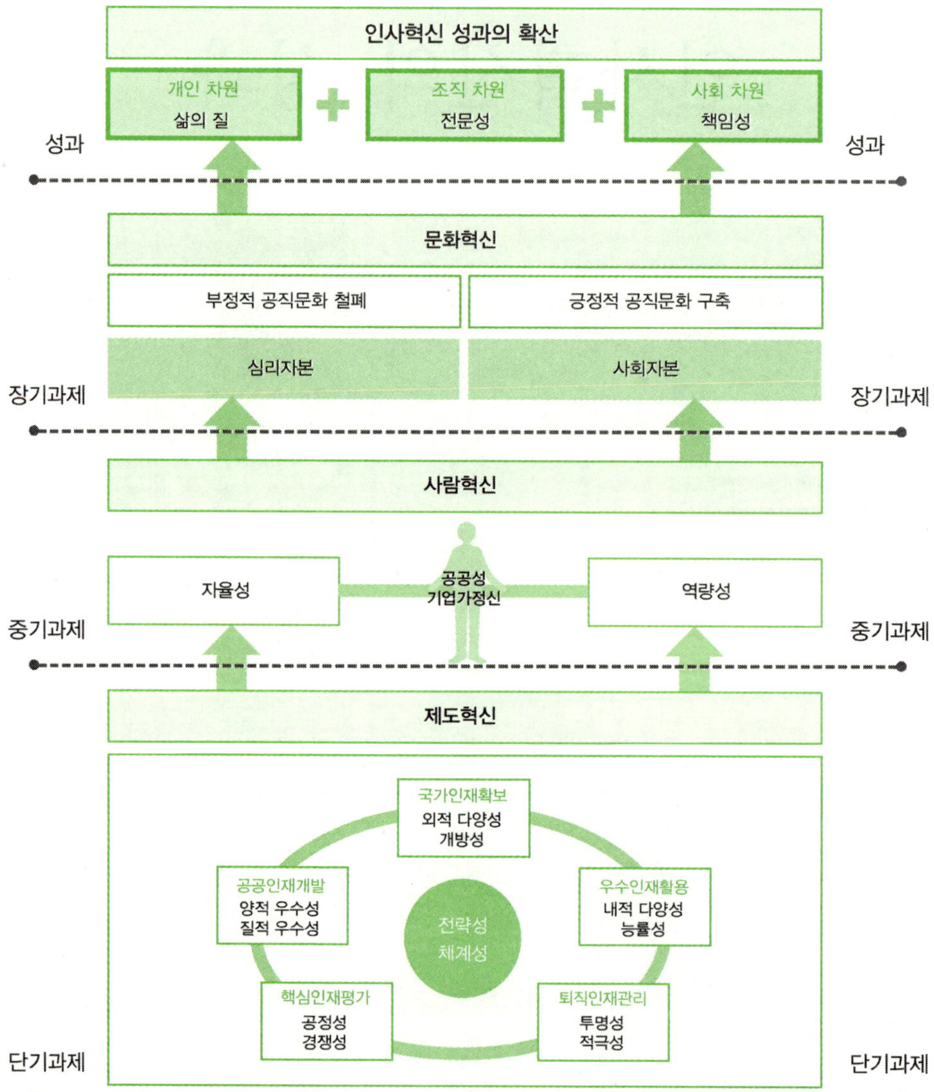

인사혁신 성과의 진단 및 측정

국가와 시대에 따라 인사혁신의 세부 도구는 서로 상이하게 나타났지만 인사혁신이 작동하는 원리와 인사혁신이 지향하고자 하는 목표는 대부분의 국가에서 유사하게 나타나고 있다. 인적자원관리 프로세스를 개선하고, 조직 구성원들에게 올바른 가치를 내재화함으로써 바람직한 공직문화를 형성하여 개인적 차원에서는 조직 구성원의 성장과 삶의 질 향상을 유도하고, 조직적 차원에서는 진취적이고 역동적인 공직문화를 형성하여 전문성을 향상시키며, 사회적 차원에서는 이러한 혁신 가치가 확산되어 궁극적으로 책임성 향상을 목표로 하는 것이다. 인사혁신의 성과 차원에서 개인적 차원의 삶의 질, 조직적 차원의 전문성, 사회적 차원의 책임성은 <표 13-1>에서 <표 13-6>의 지표와 문항을 바탕으로 진단 및 측정할 수 있다.

표 13-1 개인적 차원의 인사혁신 성과: 삶의 질의 진단[1)]

<table>
<tr><td>진단 항목</td><td>가. 삶의 질 향상에 대한 기관장의 의시 표명
나. 전년대비 조직 구성원의 일상생활의 질(QoL) 인식조사 향상률
다. 전년대비 조직 구성원의 직장생활의 질(QWL) 인식조사 향상률
라. 삶의 질 향상 우수 사례</td></tr>
<tr><td>진단 기준
(예시)</td><td>가. 삶의 질 향상에 대한 기관장의 의지 표명(3점)
<table><tr><td>없음</td><td>있음</td></tr><tr><td>0점</td><td>3점</td></tr></table>
나. 전년대비 조직 구성원의 일상생활의 질(QoL) 인식조사 향상률(2점)
<table><tr><td>0.1~2.5%</td><td>2.6%~5.0%</td><td>5.1%~7.5%</td><td>7.6%~10.0%</td><td>10.0% 이상</td></tr><tr><td>0점</td><td>0.5점</td><td>1점</td><td>1.5점</td><td>2점</td></tr></table></td></tr>
</table>

1) 본서에서는 예시 차원에서 제시한 진단 지표의 실제적 활용 가능성을 높이기 위해 10점 기준으로 배점 구간을 구체적으로 제시하였다.

다. 전년대비 조직 구성원의 직장생활의 질(QWL) 인식조사 향상률(2점)

0.1%~2.5%	2.6%~5.0%	5.1%~7.5%	7.6%~10.0%	10.1% 이상
0점	0.5점	1점	1.5점	2점

라. 삶의 질 향상 우수 사례(3점)

없음	미흡	보통	탁월
0점	1점	2점	3점

표 13-2 개인적 차원의 인사혁신 성과: 삶의 질의 측정

※ 일상생활의 질(Quality of Life)

번호	문항	매우 부정 ←←←←←			보통	→→→→→		매우 긍정
		매우 그렇지 않다	그렇지 않다	약간 그렇지 않다	보통이다	약간 그렇다	그렇다	매우 그렇다
1	나는 나의 건강상태에 만족한다.	①	②	③	④	⑤	⑥	⑦
2	나는 나의 주거 환경에 만족한다.	①	②	③	④	⑤	⑥	⑦
3	나는 나의 경제 수준(소득, 수입 등)에 만족한다.	①	②	③	④	⑤	⑥	⑦
4	나는 나의 직업에 만족한다.	①	②	③	④	⑤	⑥	⑦
5	나는 나의 가족관계에 만족한다.	①	②	③	④	⑤	⑥	⑦
6	나는 나의 친구 관계에 만족한다.	①	②	③	④	⑤	⑥	⑦
7	나는 내가 속한 조직의 사람들과의 관계에 만족한다.	①	②	③	④	⑤	⑥	⑦
8	나는 나의 여가 생활에 만족한다.	①	②	③	④	⑤	⑥	⑦
9	나는 자주 즐거움을 느낀다.	①	②	③	④	⑤	⑥	⑦
10	나는 자주 기쁨을 느낀다.	①	②	③	④	⑤	⑥	⑦
11	나는 나의 삶에 전반적으로 만족한다.	①	②	③	④	⑤	⑥	⑦
12	나는 나의 삶이 전반적으로 행복하다고 생각한다.	①	②	③	④	⑤	⑥	⑦

※ 직장생활의 질(Quality of Work Life)

번호	문항	매우 부정 ←←←←← 보통 →→→→→ 매우 긍정						
		매우 그렇지 않다	그렇지 않다	약간 그렇지 않다	보통이다	약간 그렇다	그렇다	매우 그렇다
1	나의 근무지는 신체적으로 안전하다.	①	②	③	④	⑤	⑥	⑦
2	나는 직장으로부터 스트레스를 많이 받는다.	①	②	③	④	⑤	⑥	⑦
3	나의 직장은 내가 건강함을 유지할 수 있도록 도와준다.	①	②	③	④	⑤	⑥	⑦
4	나는 나의 급여에 만족한다.	①	②	③	④	⑤	⑥	⑦
5	나의 직무는 안정적이다.	①	②	③	④	⑤	⑥	⑦
6	가족들은 나의 직업을 좋게 생각한다.	①	②	③	④	⑤	⑥	⑦
7	나는 나의 전문분야에서 인정받고 있다.	①	②	③	④	⑤	⑥	⑦
8	내 직무를 수행하기 위해서는 내가 가진 특정 기술이 필요하다.	①	②	③	④	⑤	⑥	⑦
9	내 직무는 나의 잠재력을 발전시킨다.	①	②	③	④	⑤	⑥	⑦
10	나는 내 직무를 통해 나의 능력과 기술을 발전시킨다.	①	②	③	④	⑤	⑥	⑦
11	나는 좋은 직장 동료를 가지고 있다.	①	②	③	④	⑤	⑥	⑦
12	나는 정기적으로 동료들과 토론을 한다.	①	②	③	④	⑤	⑥	⑦
13	나는 점심이나 휴식시간에 구성원들과 함께 자유롭게 어울린다.	①	②	③	④	⑤	⑥	⑦
14	나는 직장동료와 부하로부터 존경을 받는다.	①	②	③	④	⑤	⑥	⑦
15	나의 상사는 나의 잠재력을 발전시킬 수 있도록 도와준다.	①	②	③	④	⑤	⑥	⑦

표 13-3 조직적 차원의 인사혁신 성과: 전문성의 진단2)

<table>
<tr><td>진단 항목</td><td>가. 전문성 향상에 대한 기관장의 의지 표명
나. 전년대비 조직 구성원의 전문성 인식조사 향상률
다. 전문성 향상 우수 사례</td></tr>
<tr><td>진단 기준
(예시)</td><td>가. 전문성 향상에 대한 기관장의 의지 표명(3점)
<table><tr><td>없음</td><td>있음</td></tr><tr><td>0점</td><td>3점</td></tr></table>
나. 전년대비 조직 구성원의 전문성 인식조사 향상률(4점)
<table><tr><td>0.1%~2.5%</td><td>2.6%~5.0%</td><td>5.1%~7.5%</td><td>7.6%~10.0%</td><td>10.0% 이상</td></tr><tr><td>0점</td><td>1점</td><td>2점</td><td>3점</td><td>4점</td></tr></table>
다. 전문성 향상 우수 사례(3점)
<table><tr><td>없음</td><td>미흡</td><td>보통</td><td>탁월</td></tr><tr><td>0점</td><td>1점</td><td>2점</td><td>3점</td></tr></table>
</td></tr>
</table>

표 13-4 조직적 차원의 인사혁신 성과: 전문성의 측정

<table>
<tr><td rowspan="2">번호</td><td rowspan="2">문항</td><td>매우 부정</td><td colspan="5">←←←←← 보통 →→→→→</td><td>매우 긍정</td></tr>
<tr><td>매우 그렇지 않다</td><td>그렇지 않다</td><td>약간 그렇지 않다</td><td>보통이다</td><td>약간 그렇다</td><td>그렇다</td><td>매우 그렇다</td></tr>
<tr><td>1</td><td>나는 직무와 관련된 능력 발전을 위해서 업무연찬 및 교육을 이수하고 있다.</td><td>①</td><td>②</td><td>③</td><td>④</td><td>⑤</td><td>⑥</td><td>⑦</td></tr>
<tr><td>2</td><td>나는 나의 업무수행 과정과 결과를 명확하게 파악하고 있고 이를 설명할 수 있다.</td><td>①</td><td>②</td><td>③</td><td>④</td><td>⑤</td><td>⑥</td><td>⑦</td></tr>
<tr><td>3</td><td>나는 나의 직무와 관련된 법규해석에 충분한 전문적 지식을 지니고 있다.</td><td>①</td><td>②</td><td>③</td><td>④</td><td>⑤</td><td>⑥</td><td>⑦</td></tr>
<tr><td>4</td><td>나는 나의 직무와 관련된 민원 처리에 충분한 전문적 지식을 지니고 있다.</td><td>①</td><td>②</td><td>③</td><td>④</td><td>⑤</td><td>⑥</td><td>⑦</td></tr>
</table>

2) 본서에서는 예시 차원에서 제시한 진단 지표의 실제적 활용 가능성을 높이기 위해 10점 기준으로 배점 구간을 구체적으로 제시하였다.

5	나는 공공부문 대내외적 환경변화에 맞게 적응할 수 있는 역량에 있다.	①	②	③	④	⑤	⑥	⑦
6	내가 직무와 관련하여 사용하는 지식은 업무 매뉴얼 등 체계적인 이론에 기초를 두고 있다.	①	②	③	④	⑤	⑥	⑦
7	나는 현재의 직무를 수행하는 데 있어 서비스 지향적 마인드를 갖고 있다.	①	②	③	④	⑤	⑥	⑦
8	나는 현재의 직무를 수행하는 데 있어 소명의식을 갖고 있다.	①	②	③	④	⑤	⑥	⑦
9	우리 조직의 업무는 전문적인 분야이다.	①	②	③	④	⑤	⑥	⑦
10	우리 조직의 업무를 수행하기 위해서는 전문지식(해당 업무를 수행하는데 적합한 특정 지식)이 필요하다.	①	②	③	④	⑤	⑥	⑦
11	우리 조직의 업무를 수행하기 위해서는 경험축적(해당 업무를 수행하는데 적합한 특정의 경력 관리)이 필요하다.	①	②	③	④	⑤	⑥	⑦
12	우리 조직의 업무를 수행하기 위해서는 조정능력(특정 업무와 관련된 여러 가지 이해관계를 바람직한 방향에서 조망하고 조정할 수 있는 역량)이 필요하다.	①	②	③	④	⑤	⑥	⑦
13	우리 조직의 업무를 수행하기 위해서는 올바른 가치체계(직업 공무원으로서 공직수행에 필요한 공직자적 의식)의 정립이 강조된다.	①	②	③	④	⑤	⑥	⑦
14	우리 조직의 업무를 수행하기 위해서는 올바른 윤리규범(공직윤리)의 정립이 강조된다.	①	②	③	④	⑤	⑥	⑦
15	우리 기관의 구성원들은 기관의 역할을 다하기 위해 필요한 충분한 전문성을 확보하고 있다.	①	②	③	④	⑤	⑥	⑦
16	나의 업무는 복잡하고 다양한 업무로 이루어져 있어 전문성이 필요하다.	①	②	③	④	⑤	⑥	⑦
17	나는 업무 수행에 필요한 충분한 전문지식(해당 업무를 수행하는데 적합한 특정 지식)을 보유하고 있다.	①	②	③	④	⑤	⑥	⑦

18	나는 업무 수행에 필요한 충분한 경험 축적(해당 업무를 수행하는데 적합한 특정의 경력관리)이 되어 있다.	①	②	③	④	⑤	⑥	⑦
19	나는 업무수행에 필요한 조정능력(특정 업무와 관련된 여러 가지 이해관계를 바람직한 방향에서 조망하고 조정할 수 있는 역량)을 보유하고 있다.	①	②	③	④	⑤	⑥	⑦
20	나는 업무수행에 필요한 가치체계(직업 공무원으로서 공직수행에 필요한 공직자적 의식)를 보유하고 있다.	①	②	③	④	⑤	⑥	⑦
21	나는 업무수행에 필요한 윤리규범(공직윤리)을 보유하고 있다.	①	②	③	④	⑤	⑥	⑦

표 13-5 사회적 차원의 인사혁신 성과: 책임성의 진단[3)]

진단 항목	가. 책임성 향상에 대한 기관장의 의지 표명 나. 전년대비 기관에 대한 시민 만족도 향상률 다. 전년대비 조직 구성원의 책임성 인식조사 향상률 라. 책임성 향상 우수 사례
진단 기준 (예시)	(아래 참조)

진단 기준 (예시)

가. 책임성 향상에 대한 기관장의 의지 표명(3점)

없음	있음
0점	3점

나. 전년대비 기관에 대한 시민 만족도 향상률(2점)

0.1%~2.5%	2.6%~5.0%	5.1%~7.5%	7.6%~10.0%	10.1% 이상
0점	0.5점	1점	1.5점	2점

다. 전년대비 조직 구성원의 책임성 인식조사 향상률(2점)

0.1%~2.5%	2.6%~5.0%	5.1%~7.5%	7.6%~10.0%	10.1% 이상
0점	0.5점	1점	1.5점	2점

라. 책임성 향상 우수 사례(3점)

없음	미흡	보통	탁월
0점	1점	2점	3점

3) 본서에서는 예시 차원에서 제시한 진단 지표의 실제적 활용 가능성을 높이기 위해 10점 기준으로 배점 구간을 구체적으로 제시하였다.

표 13-6 사회적 차원의 인사혁신 성과: 책임성 측정

번호	문항	매우 부정 ←←←←←			보통		→→→→→	매우 긍정
		매우 그렇지 않다	그렇지 않다	약간 그렇지 않다	보통이다	약간 그렇다	그렇다	매우 그렇다
1	나는 나에게 주어진 업무분장표 상의 업무를 중심으로 일을 하려고 노력한다.	①	②	③	④	⑤	⑥	⑦
2	나는 공표된 운영절차를 위주로 업무수행을 하려고 노력한다.	①	②	③	④	⑤	⑥	⑦
3	나는 직속상관의 지시나 방침 위주로 업무 수행을 하려고 노력한다.	①	②	③	④	⑤	⑥	⑦
4	나는 기관의 비전과 목표 위주로 업무수행을 하려고 노력한다.	①	②	③	④	⑤	⑥	⑦
5	나는 투명하게 예산과 재정을 집행하려고 노력한다.	①	②	③	④	⑤	⑥	⑦
6	나는 예산과 재정을 효율적으로 운영하려고 노력한다.	①	②	③	④	⑤	⑥	⑦
7	나는 시민들의 요구사항에 관련규정을 개선해서라도 적극적으로 반응할 의사가 있다.	①	②	③	④	⑤	⑥	⑦
8	나는 시민들이 느끼는 문제점이나 불편사항을 상시적이고 능동적으로 파악하고 이것이 행정에 반영되어야 한다고 생각한다.	①	②	③	④	⑤	⑥	⑦
9	나는 시민들이 요구하는 것이 전체적인 시각에서 균형이 잡히지 않은 것일지라도 최대한 그들의 입장을 이해하고 반응하려고 노력해야 한다고 생각한다.	①	②	③	④	⑤	⑥	⑦
10	나는 생산적인 정부는 시민의 요구사항에(그것이 옳음 여부 판단에 상관없이) 항상 적극적으로 반응하는 정부라고 생각한다.	①	②	③	④	⑤	⑥	⑦

사례로 보는 인사혁신

2015 스마트워크 우수 공모전

1. 스마트워크-경기도청

<사무실을 개방형으로 바꿨다>

파티션을 제거하고, 불필요한 자료를 버리고, 좌석은 서열식에서 모둠형으로 배치했다. '공간이 바뀌면 생각이 바뀐다'는 판단이었다. 낡은 조직문화를 버리고 창의적이고 스마트하게 일할 수 있는 분위기를 만들겠다는 취지였다. 실·국장 간부에게 태블릿PC를 지급하여 현장 방문 및 전자결재는 물론 회의 줄이기, 메모보고, 문서 줄이기 등 스마트행정 '4G'의 핵심 축이 되도록 했다. 또한 스마트워크 설정-실행-평가(BSC 반영)의 변화관리를 체계적으로 추진했다. 찾아가는 인사상담, 가까운 스마트워크 센터에서 일하기, 수요일 휴무제, 유연근무제도 등을 도입했다. 보고서 형식에 얽매이지 않고 간결하게 용건만 메모로 전달하도록 했다. −중략− 주무관이 중심이 되어 전 직원이 상·하 간 구분 없이 소통하는 직장문화로 변화시켜 가고 있다.

2. 가족친화-통계청(김영미)

<일상의 한계점에서 만난 스마트워크, 다시 찾은 가족>

행복세 자녀의 엄마이자, 40대 가장의 부인이며, 직원으로 겪는 아침 전쟁 중 −중략− 재택근무와 스마트워크센터, 새로운 일상이 나에게 다가왔다. 주중 월요일, 수요일 이틀은 재택근무를 통해 집에서 주로 내근업무를 수행하였고 금요일은 집에서 가까운 인근 스마트워크센터로 출근하였다. −중략− 처음에 직원들은 스마트워크센터 근무에 낯설어하고 선뜻 가려는 사람이 없었지만 동료 중 먼저 스마트워크센터 경험자들의 평판이 좋았다. 무엇보다도 업무시스템이 안정적이어서 업무에 전혀 지장이 없을 뿐더러 센터환경이 집중력을 발휘할 수 있도록 독립적으로 구성되어 있다는 말에 선뜻 신청하게 되었다. 목요일에는 스마트워크센터가 있는 부천으로 출근하여 기존에 한 시간이 소요되던 출근

시간이 정말 '스마트하게' 왕복시간 30분밖에 걸리지 않게 되었다. –중략– 월, 수, 목요일은 현관에서 온 가족이 남편의 출근길을 배웅한다. 큰애, 둘째, 셋째, 아내인 나까지 모두 한 사람씩 포옹하면서 말이다. 조금은 여유로운 내 삶으로 인해 아이들의 공부까지 봐줄 수 있는 나의 생활에 너무 감사한다.

3. 업무효율화-국토해양부(임건혁)
〈스마트워크의 생활화로 잘 나가는 직장인, 인기짱 아빠 되다.〉

수원에서 평촌까지 가는 교통편이 마땅치 않아 자가용으로 출퇴근하다 보니 새벽 6시에 출근하고 밤 11시경에 퇴근하게 되고 집의 개념은 거의 잠만 자고 나오는 하숙집이 되어버리게 되었다. –중략– 부서 평가에 스마트워크센터 근무 실적이 추가되고 성과업무도 맡고 있던 나로서는 울며 겨자 먹기로 수원에 소재한 스마트워크센터를 방문하게 되었다.

–중략– 평소 아침부터 걸려오는 전화에 업무에 집중하기 어려운 시간이지만 스마트워크의 조용한 방 안에서 부처 정보시스템에 접속한다. –중략– 내 일과 관계없는 회의도 참석하다 보니 2~3시간은 버리다시피 하는 경우가 자주 있었지만 요즘에는 내가 오늘 꼭 해야 하는 일들을 정해진 시간에 끝낼 수 있었다. 그러면 주로 오후 5시면 업무를 정리할 수 있었다. –중략– 칼 퇴근을 해서 집에 돌아오면 아이와 함께 공놀이를 하며 시간을 보내게 되었다.

자료: 행정자치부(2015)

이현재, 정책실명제 도입법 발의 … "정책의 김영란법"

정부가 추진하는 정책에 담당 공무원의 이름표를 붙여 책임성을 높이는 '정책실명제' 도입이 추진된다.

새누리당 기획재정위원회 소속 이현재 의원(재선·경기 하남)은 '정책실명제 운영에 관한 법률안(제정법)'을 대표 발의했다고 2일 밝혔다. 이 의원은 산업자원부(현 산업통상자원부)를 거쳐 중소기업청장을 지낸 대표적인 행정전문가로, 국회 기재위 새누리당 간사를 맡고 있다.

이 의원은 "그간 정부는 대통령령인 '행정효율과 협업 촉진에 관한 규정'에 근거해 정책실명제를 운영하고 있으나, 법률이 아니다보니 제도의 강제성과 실효성이 약하다는 지적이 끊이지 않았다"며 "정책실명제법은 정부의 정책 책임자와 사업과정을 투명하게 공개해 국민의 알 권리를 충족시키는 계기가 될 것"이라고 말했다. 이 의원은 "정책부문의 '김영란법(부정 청탁 및 금품 등 수수의 금지에 관한 법률)'이라 부를 만큼 공직사회에 획기적인 변화를 가져올 것"이라고 덧붙였다.

현행 규정으로는 행정기관은 '정책실명제 중점관리 대상사업'으로 지정해 정책의 추진실적을 공개할 수 있다. 그러나 법이 아니라 대통령령이다보니 행정부 스스로 선정할 수 있는 재량권이 넓다. 이에 따라 일부 지방자치단체를 중심으로만 정책실명제가 운영되고 있다.

법안에는 ▶정책의 결정이나 집행 과정에 참여한 관련자의 소속·직급·직위·성명과 그 의견 등을 종합적으로 기록·관리하고 ▶정책실명제 중점관리 대상사업에 해당하는 사업의 추진실적을 해당 기관의 정보통신망을 활용해 공개하는 내용 등이 포함됐다.

이 의원은 "그간 우리는 행정부의 정책 실패에 대해서 아무런 책임을 지지 않은 채 익명에 기대어 면피만 일삼아 온 광경을 쭉 봐왔다"며 "정부가 정책을 추진할 때 좀 더 신중하게 하고, 책임소재를 명확히 하기 때문에 국민의 혈세가 낭비되지 않도록 예방하는 역할을 할 것으로 기대한다"고 말했다.

자료: 중앙일보(2016.09.02)

연구로 보는 인사혁신

한국 공공기관 내 대인신뢰와 조직신뢰의 영향력에 관한 연구: 조직 내 책임성의 매개효과를 중심으로

본 연구의 목적은 공무원들의 신뢰가 책임성을 매개로 하여 조직 결과변수인 직무만족에 어떠한 영향을 미치는지 분석하는 것이다. 따라서 행정의 주체인 공무원들이 갖는 신뢰의 정도에 따라 어떻게 책임성을 느끼는지 파악하고, 이러한 요인들이 직무에 대한 만족감에 어떻게 영향을 미치는지 경로분석 연구모형을 통해 총체적인 과정을 분석하였다. 연구 가설검증을 위한 실증적 분석방법으로는 요인분석, 신뢰도분석, 상관관계분석, 그리고 공분산구조분석을 실시하였으며, 매개효과 검증을 위해 Sobel Test도 추가적으로 실시되었다. 분석결과, 첫째, 한국 공공조직 공무원들은 외국이론에 근거하여 다차원적으로 정의된 책임성의 다면성을 거의 하나의 동일한 차원으로 일원화 하여 인식하는 것으로 나타났다. 둘째, 동료신뢰는 책임성에 긍정적인 영향을 주는 것으로 나타났으나, 상사신뢰와 조직신뢰는 책임성에 크게 영향을 미치지 않는 것으로 나타났다. 셋째, 관리적 책임성(계층적·법적·전문적 책임성)은 직무만족에 긍정적인 영향을 주는 반면, 정치적 책임성은 직무만족에 크게 영향을 미치지 않는 것으로 나타났다. 넷째, 관리적 책임성은 동료신뢰와 직무만족 간의 관계에서 중요한 매개역할을 하는 것으로 나타났다. 본 연구는 이러한 분석결과를 바탕으로 이론적·정책적 함의를 제시함과 동시에 합리적이고 가치 지향적 인사정책수행을 위해서는 성과 관리적 측면에서 효과적인 책임성 관리 선략 수립이 필요함을 강조하고 있다.

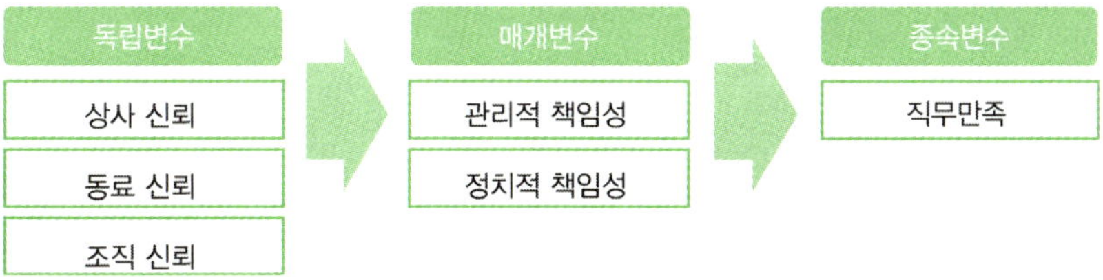

자료: 오현규·박성민(2014)

제14장

인사혁신의 발전방향

제14장 인사혁신의 발전방향

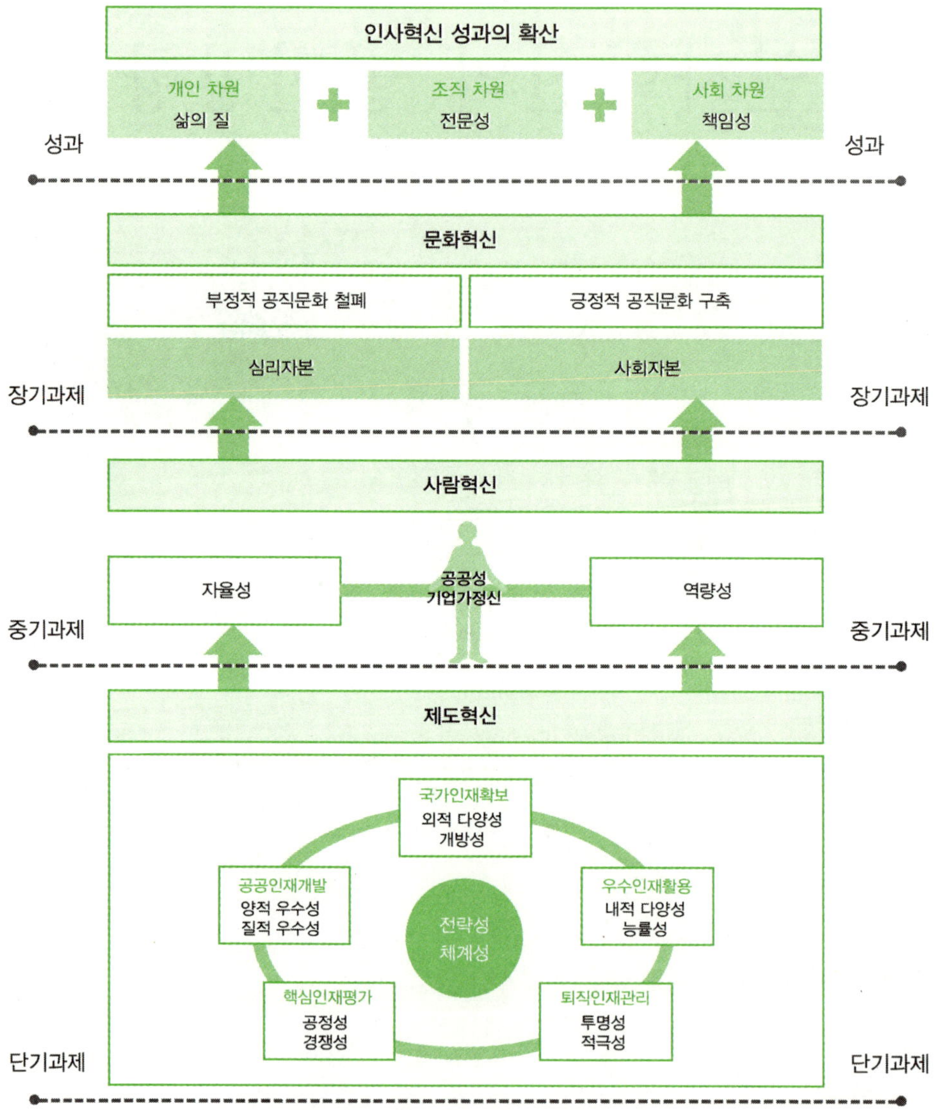

인사혁신 지속성의 진단 및 측정

인사혁신의 지속적 발전을 위해서는 1차적으로는 인사혁신 활동에 대한 조직 내·외부 차원의 공감적 수용성의 확보, 즉 공감성의 내재화 노력이 필요하며 2차적으로는 중앙인사기관 차원에서 이러한 공감성의 확산 노력이 요구된다. 인사혁신의 지속적 발전을 위해 공감성의 내재화 차원에서의 공감적 수용성과 공감성의 확산 측면에서의 미래지향적 인사혁신 추진노력은 <표 14-1>과 <표 14-4>의 문항을 바탕으로 측정할 수 있다.

표 14-1 공감성 내재화: 공감적 수용성의 진단[1]

<table>
<tr><td>진단 항목</td><td>가. 인적자원관리 및 인사혁신의 중요성에 대한 공감 형성을 위한 관리체계 구축
나. 전년대비 조직 구성원의 공감적 수용성 인식조사 향상률
다. 공감적 수용성 향상 우수 사례</td></tr>
<tr><td>진단 기준
(예시)</td><td>가. 인적자원관리 및 인사혁신의 중요성에 대한 공감 형성을 위한 관리체계 구축(3점)
<table>
<tr><td>없음</td><td>있음</td></tr>
<tr><td>0점</td><td>3점</td></tr>
</table>
나. 전년대비 조직 구성원의 공감적 수용성 인식조사 향상률(4점)
<table>
<tr><td>0.1%~2.5%</td><td>2.6%~5.0%</td><td>5.1%~7.5%</td><td>7.6%~10.0%</td><td>10.1% 이상</td></tr>
<tr><td>0점</td><td>1점</td><td>2점</td><td>3점</td><td>4점</td></tr>
</table>
다. 공감적 수용성 향상 우수 사례(3점)
<table>
<tr><td>없음</td><td>미흡</td><td>보통</td><td>탁월</td></tr>
<tr><td>0점</td><td>1점</td><td>2점</td><td>3점</td></tr>
</table>
</td></tr>
</table>

1) 본서에서는 예시 차원에서 제시한 진단 지표의 실제적 활용 가능성을 높이기 위해 10점 기준으로 배점 구간을 구체적으로 제시하였다.

표 14-2 공감성 내재화: 공감적 수용성의 측정

번호	문항	매우 부정	←←←←←		보통	→→→→→		매우 긍정
		매우 그렇지 않다	그렇지 않다	약간 그렇지 않다	보통이다	약간 그렇다	그렇다	매우 그렇다
1	나는 우리 기관의 인사제도의 목표와 내용에 대해 잘 알고 있다.	①	②	③	④	⑤	⑥	⑦
2	나는 우리 기관의 인사제도의 목표와 내용에 대해 잘 이해하고 있다.	①	②	③	④	⑤	⑥	⑦
3	우리 조직의 인사제도는 우리 기관을 잘 운영하기 위해 매우 필요하다.	①	②	③	④	⑤	⑥	⑦
4	우리 조직의 인사제도는 우리 기관을 잘 운영하기 위해 매우 중요하다.	①	②	③	④	⑤	⑥	⑦
5	나는 우리 기관의 인사제도에 만족한다.	①	②	③	④	⑤	⑥	⑦
6	나는 우리 기관의 인사제도를 신뢰한다.	①	②	③	④	⑤	⑥	⑦
7	나는 우리 조직의 인사제도를 지지한다.	①	②	③	④	⑤	⑥	⑦
8	나는 우리 기관의 인사제도가 우수하다고 생각한다.	①	②	③	④	⑤	⑥	⑦

표 14-3 공감성 확산: 미래지향적 인사혁신의 진단[2]

진단 항목	가. 미래지향적 인사혁신을 위한 관리체계 구축 나. 전년대비 조직 구성원의 미래지향적 인사혁신 인식조사 향상률 다. 공감적 수용성 향상 우수 사례
진단 기준 (예시)	가. 미래지향적 인사혁신을 위한 관리체계 구축(3점)

없음	있음
0점	3점

2) 본서에서는 예시 차원에서 제시한 진단 지표의 실제적 활용 가능성을 높이기 위해 10점 기준으로 배점 구간을 구체적으로 제시하였다.

나. 전년대비 조직 구성원의 미래지향적 인사혁신 인식조사 향상률(4점)

0.1%~2.5%	2.6%~5.0%	5.1%~7.5%	7.6%~10.0%	10.1% 이상
0점	1점	2점	3점	4점

다. 미래지향적 인사혁신 구현 우수 사례(3점)

없음	미흡	보통	탁월
0점	1점	2점	3점

표 14-4 공감성 확산: 미래지향적 인사혁신의 측정

번호	문항	매우 부정	←←←←←		보통	→→→→→		매우 긍정
		매우 그렇지 않다	그렇지 않다	약간 그렇지 않다	보통이다	약간 그렇다	그렇다	매우 그렇다
1	우리 기관의 인사혁신은 전략중심적 요소를 담고 있다.	①	②	③	④	⑤	⑥	⑦
2	우리 기관의 인사혁신은 문제해결적 요소를 담고 있다.	①	②	③	④	⑤	⑥	⑦
3	우리 기관의 인사혁신은 책임지향적 요소를 담고 있다.	①	②	③	④	⑤	⑥	⑦
4	우리 기관의 인사제도는 운영 목적이 명확하다.	①	②	③	④	⑤	⑥	⑦
5	우리 기관의 인사제도는 행정환경 변화에 적절히 대응할 수 있다.	①	②	③	④	⑤	⑥	⑦
6	우리 기관의 인사제도는 일관성을 가지고 운영된다.	①	②	③	④	⑤	⑥	⑦
7	현재의 인사제도는 앞으로도 지속적으로 유지 및 운영될 것이다.	①	②	③	④	⑤	⑥	⑦
8	우리 기관의 인사제도는 기관의 목적달성을 위해 적합하다.	①	②	③	④	⑤	⑥	⑦
9	우리 기관의 인사제도는 운영을 위한 행정적 비용이 적절하다.	①	②	③	④	⑤	⑥	⑦

10	우리 기관의 인사제도는 조직 전반의 전문성 향상에 기여한다.	①	②	③	④	⑤	⑥	⑦
11	우리 기관의 인사제도는 조직 전반의 경쟁력 향상에 기여한다.	①	②	③	④	⑤	⑥	⑦
12	우리 기관의 인사제도는 조직 전반의 능률성 향상에 기여한다.	①	②	③	④	⑤	⑥	⑦
13	우리 기관의 인사제도는 조직 전반의 효과성 향상에 기여한다.	①	②	③	④	⑤	⑥	⑦

사례로 보는 인사혁신

**"지금까지 해왔던(인사혁신) 개혁 기조는 그대로 유지합니다.
다만 공직사회 소통을 통해 따뜻한 인사혁신을 추진하겠습니다."**

취임 4개월을 맞이한 김동극 인사혁신처장은 25일 이데일리TV 초대석에 출연해 이같이 강조했다.

2014년 출범한 인사처는 공무원 연금개혁과 인사혁신이라는 두 가지 과제를 중점 추진해왔다. 강도 높은 인사혁신에 일부 공무원들은 볼멘소리를 터트리기도 했다.

김동극 처장은 지난 6월 취임 이후 조용히 현장 공무원을 찾아다녔다. 경찰관, 소방관 등 최일선에서 국민과 만나는 공무원들의 고충을 듣고 이들을 보듬는 일을 해왔다.

김 처장은 "그동안 여러 공직가치, 개방, 전문성 기치를 내걸고 우리나라 인사혁신 기반을 마련했다. 앞으로는 국민 눈높이 맞게 공직사회를 변화시키고 공직사회와 소통하면서 인사혁신을 추진해 나가겠다"고 말했다.

그가 공직사회 경쟁력을 끌어올리기 위해 가장 먼저 써내 든 카드는 전문직공무원제도다.

이 제도는 국제통상, 재난 안전 등 국가적으로 중요하지만 순환보직 등으로 전문성을 축적하기 어려웠던 업무를 전문분야로 지정, 해당분야에서 평생 근무하고 승진할 수 있도록 한 인사제도다.

김 처장은 "지금까지 공무원 인사제도는 한 분야를 종합적인 시각으로 보는 전문가로 키우는 네는 한계가 있었다"며 전문직공무원제도 도입 배경을 설명했다.

이어 그는 "일례로 국제통상분야의 경우 적합한 공무원을 선발해 국제통상 한 분야만 할 수 있게 하려 한다. 어느 정도 정착되면 농림축산식품부, 외교부, 법무부의 국제통상업무를 같이 묶어 정부 전체적으로 활용하는 쪽으로 갈 것"이라고 말했다.

해당 공무원이 인사상 불이익을 받지 않도록 승진과 인센티브 등의 보상체계도 마련한다는 방침이다. 김 처장은 "전문직공무원의 경우 일정한 자격만 되면 승진할 수 있게 하려고 한다. 보상도 일반직 공무원과 비교해 상당 부분 배려할 예정"이라고 말했다. 김 처장은 공무원 재해보상제도도 손질할 계획이다. 그는 "공무원도 자연인이다. 국가와 국민의 안녕을 위해 목숨을 바치며 일을 한 만큼 국가가 분명히 책임져야 한다"고 강조했다. 이를 위해 인사처는 '공무원 재해보상법(가칭)' 제정을 추진 중이다. 그는 "재해보상제도는 30~40년간 땜질식 처방만 해왔지 근본적인 개혁이 없었다"며 "이번에 공무원연금제도와 재해보상제도를 분리해 체계적·합리적으로 발전시키고 보상수준도 개선할 것"이라고 말했다. 마지막으로 그는 현장 공무원들의 노고에 대한 국민의 따뜻한 격려를 부탁했다. 아울러 공직사회 갈등을 최소화하면서 개혁 성과를 얻는데 집중하겠다고 했다.

김 처장은 "정책을 밀어붙여 100을 얻는다고 한다면 그 과정에서 드는 사회적 비용이 상당할 것이다. 90을 얻더라도 사회적 비용을 줄이는 게 맞다고 생각한다. 시간이 걸리더라도 공직사회에 이해를 구하는 과정을 거치며 과제를 추진해 나가겠다"고 강조했다.

자료: 이데일리(2016.10.28)

연구로 보는 인사혁신

정부 인사혁신 가치 실현의 최적화에 관한 연구

본 연구는 “정부 인사혁신에 있어 차이를 유발하는 조직적 특성과 이에 따른 인사혁신 가치의 보편성과 특수성은 무엇인가?”라는 연구 질문을 바탕으로 김선아·박성민(2016a)의 인사혁신 과정 모형에 기초하여 중앙행정기관별 인사혁신 가치 실현의 최적화 방안에 대해 논의하였다. 이에 본 연구에서는 초점 집단 인터뷰를 통해 정부 인사행정 및 인사혁신에 있어 고려되어야 할 조직 특성을 도출하였고, 전문가 설문조사 및 정부 통계 자료를 바탕으로 중앙행정기관의 조직 특성에 따른 인사혁신 가치의 보편성과 특수성을 검증하였다.

연구 결과 정부 인사행정 및 인사혁신에 있어 고려되어야 할 조직 특성으로 조직의 일반 특성(위상, 예산, 인원규모, 특정직 비율), 업무 특성(일반성, 전문성, 전략성), 정책 특성(기능, 유형) 등을 도출할 수 있었다. 이를 바탕으로 기관별 조직 특성에 따른 인사혁신 가치 중요도 차이 검증을 위한 t-test와 f-test를 시행한 결과, 조직의 일반 특성의 경우, 기관 위상은 특수성 유발요인이 아닌 것으로 확인되었고, 기관의 예산 규모와 현원 규모는 문화혁신의 기반조성 요인인 “사회자본”에서 중요도 인식의 차이를 유발하는 요인임이 확인되었다. 기관의 특정직 비중은 사람혁신의 기반 조성 요인인 “공공성”과 문화혁신의 체계화 단계인 “부정적 공직문화 철폐”와 “긍정적 공직문화”에서의 중요도 인식의 차이를 유발하는 요인임이 확인되었다. 또한 조직의 업무 특성의 경우, 일반성 수준은 제도혁신의 체계화 단계인 유지·활용 부문의 “내적 개방성”과, 문화혁신의 기반 조성 요인인 “사회자본”의 중요도 인식의 차이를 유발하는 요인임이 확인되었고, 전문성 수준은 제도혁신의 체계화 단계인 교육·훈련 부문의 “양적 우수성”의 중요도 인식의 차이를 유발하는 요인임이 확인되었다. 업무의 전략성 수준은 제도혁신의 기반 조성 요인인 “전략성”과 “체계성”의 중요도 인식의 차이를 유발하는 요인임이 확인되었다. 마지막으로 조직의 정책 특성의 경우, 정책의 기능적 특성은 제도혁신의 체계화 단계인 모집·선발 부문의 "외적 개방성"과 사람혁신의 기반 조성 요인인 "공공성", 문화혁신의 체계화 단계인 "부정적 공직문화 철폐"의 중요도 인식의 차이를 유발하는 요인임이 확인되었고, 정책의 유형적 특성은 특수성 유발요인이 아닌 것으로 확인되었다.

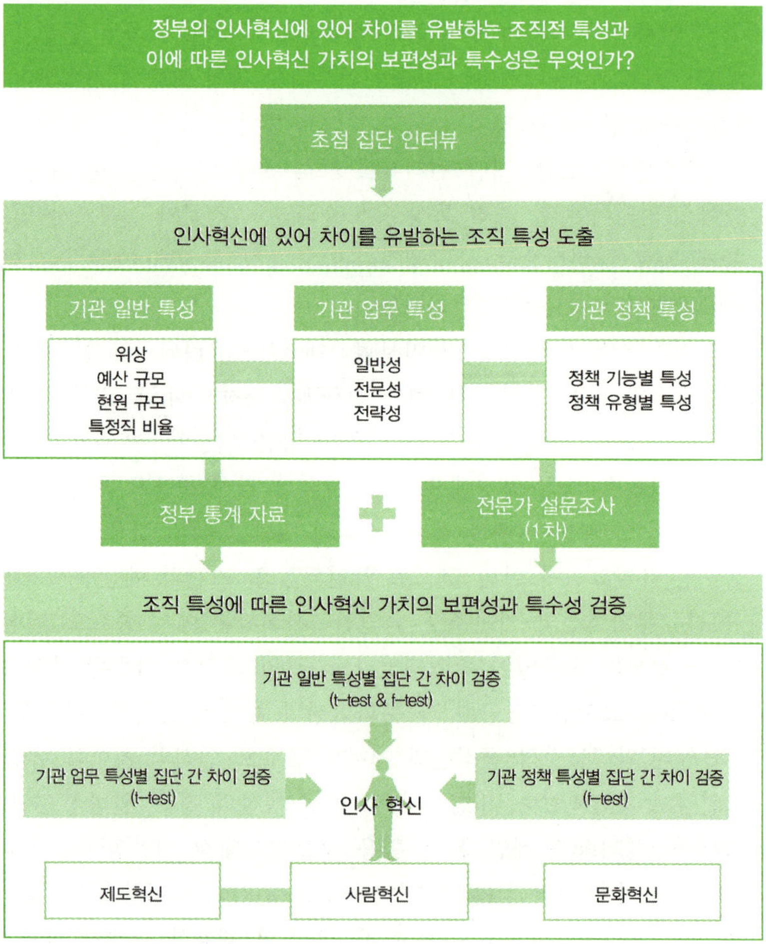

자료: 김선아·박성민(2016b)

참고문헌

국내 문헌

권경득·이주호. (2015). 지방자치단체의 공직개혁 2: 지방자치단체 공직자의 퇴직 관리 효율성 확보방안. 지방행정연구, 29(2), 31–60.

김민영·김화연·오현규·박성민. (2015). 공직봉사동기와 기업가정신에 관한 실증 연구: 공공부문의 개인-조직 적합성의 매개효과를 중심으로. 한국행정논집, 27(4), 1135–1164.

김민영·민경률·박성민. (2015). 한국 NGO의 조직문화의 유형과 개인-조직 적합성, 조직 효과성 간의 구조적 관계 연구. 한국인사행정학회보, 14(2), 21–50.

김민정·박성민. (2014). 한국 비영리조직의 성과평가체계 개선방안에 관한 연구: 성과평가와 메타평가의 타당성 검증을 중심으로. 한국행정학보, 48(3), 463–497.

김선아·김민영·김민정·박성민. (2013). 일과 삶 균형 정책과 정책 부합성이 조직 효과성에 미치는 영향에 관한 연구: 공공조직과 민간조직 비교를 중심으로. 한국행정학보, 47(1), 201–237.

김선아·민경률·이서경·박성민. (2013). 직업선택동기와 직무만족 및 이직의도 간의 관계에 관한 공·사 비교 연구. 한국행정연구, 22(3), 271–314.

김선아·박성민. (2013). 공공부문의 사회자본 확충과 지식관리 활성화를 통한 업무 성과 제고방안 연구. 정책분석평가학회보, 23(3), 25–64.

김선아·박성민. (2016a). 정부 인사혁신 프로세스별 핵심 가치 도출에 관한 연구. 한국인사행정학회 춘계학술대회 발표논문집.

김선아·박성민. (2016b). An empirical exploration of how to optimize personnel innovation values within the Korean bureaucracy. 한국인사행정학회 춘계연합국제학술대회 발표논문집.

김윤권·지규원·李秀峰·任玥·申鑫 (2013). 중국정부의 공무원 인사제도와 정책에 관한 연구. 경제·인문사회연구회 중국종합연구 협동연구총서.

박성민·김민영·김민정. (2013). 개인-직무 및 개인-조직 간 적합성이 조직결과에 미치는 영향력분석: 신뢰의 매개효과를 중심으로. 한국행정논집, 25(2), 199-235.

박성민·최성주·김선아. (2015). 공직의 경쟁력 수준진단을 위한정부 인사혁신지수 개발 연구, 인사혁신처.

오현규·문상호·박성민. (2014). 한국 공공기관 내 대인신뢰와 조직신뢰의 영향력에 관한 연구. 한국인사행정학회보, 13(2), 377-406.

오현규·박성민. (2015). 공·사 조직 구성원들의 개인-직무 적합성과 조직몰입에 대한 소고(小考). 한국조직학회보, 12(2), 1-35.

오현규·신유정·김화연. (2016). 여성관리자 경력개발활동 제고를 위한 가정 및 직장 구성원의 역할: 일-가정 양립의 매개효과를 중심으로. 여성정책연구원 패널조사학술대회 논문발표집.

최무현. (2015). 기획논문: 확장된 퇴직관리 관점에서 퇴직공직자 재취업 문제에 관한 정책방안 연구. 정부학연구, 21(2), 5-35.

국외 문헌

Park, S. M., & Joaquin, M. E. (2012). Of alternating waves and shifting shores: the configuration of reform values in the US federal bureaucracy. *International Review of Administrative Sciences*, 78(3), 514-536.

신문기사

ZDNET Korea (2015.05.07)
기획재정부 (2016.02.23)
노컷뉴스 (2016.01.15)
뉴스포털 (2015.11.19)
뉴시스 (2015.11.16)
뉴시스 (2016.03.07)
매일경제 (2015.10.22)
머니투데이 (2015.10.28)

연합뉴스 (2016.01.10)
연합뉴스 (2016.06.21)
이데일리 (2016.10.28)
이데일리 (2016.12.02)
조선비즈 (2013.07.03)
조선비즈 (2015.08.18)
조선비즈 (2015.08.19)
중앙일보 (2016.09.02)
코리아쉬핑가제트 (2015.07.09)
한국경제 (2012.06.26)
한국경제 (2016.06.20)
한국경제TV (2015.12.22)

기 타

행정자치부(2015). 「스마트워크 우수사례공모전」.

저자소개

연세대학교 정치외교학과 졸업(1997)
국가정보원 외사 정보분석팀 재직(1997－2000)
미국 컬럼비아대학교 국제공공정책대학원 공공정책학 석사(2002)
미국 조지아대학교 행정학 박사(2007)
미국 네바다주립대학교(UNLV) 그린스펀행정대학원 조교수(2007－2010)

한국행정학회 International Review of Public Administration (IRPA) 편집위원회 위원(2012－현재)
한국정책학회 International Journal of Policy Studies (IJPS) 영문편집위원회 위원장(2015－현재)
한국인사행정학회 국제협력위원회 위원장(2016－현재)
입법고시 및 행정고시 시험출제위원(2013－현재)
행정자치부 및 인사혁신처 정책자문위원회 자문 위원(2014－현재)
성균관대학교 글로벌리더학부 학부장(2014－2016)

현 성균관대학교 공공인재개발연구센터 소장(2015－현재)
성균관대학교 국정전문대학원 BK 21 PLUS 사업단 사업단장(2016－현재)
성균관대학교 행정학과 및 국정관리대학원 부교수(2010－현재)
미국 University of Southern California (USC) 정책대학원(Sol Price School of Public Policy) 초빙교수(2016－2017)

인사혁신론: 이론과 실제 -실제편-

초판발행 2017년 1월 5일
중판발행 2022년 3월 15일

지은이 박성민
펴낸이 안종만·안상준

편 집 배근하
기획/마케팅 김성희
표지디자인 조아라
제 작 고철민·조영환

펴낸곳 (주) 박영사
서울특별시 금천구 가산디지털2로 53, 210호(가산동, 한라시그마밸리)
등록 1959. 3. 11. 제300-1959-1호(倫)
전 화 02)733-6771
f a x 02)736-4818
e-mail pys@pybook.co.kr
homepage www.pybook.co.kr
ISBN 979-11-303-0413-7 94350
979-11-303-0390-1 (세트)

정 가 36,000원